本に出会ってしまった。

私の世界を変えた一冊

はじめに

ふと入った本屋で手に取った本。
大好きな人からおしえてもらった本。
液晶画面ごしに何気なく知った本。

日々あふれる情報の洪水の中で、何を選んだか。
そして何と出会ったか。
かけがえのない物語もまた、あふれている。

だから無数に存在する本との出会い、
そこにもきっと豊かな物語が眠っている。

特にその人にとって大事な本であればなおさら――

そんな「出会ってしまった」と思える大事な本の話を集めました。
最後まで是非お付き合いください。

目次

デザイン　戸塚泰雄（nu）
挿絵　近藤恵介

カツ丼の秘密を解くのに三〇年もかかってしまった

川内有緒

吉本ばなな『キッチン』（一九八八年 福武書店）

現在は新潮文庫ほかに収録

母によると、私はとてもおとなしい子どもだったらしい。家でも学校でも、本ばかり読んでいたそうだ。ふうん、としか言いようがない。なにしろ、私には小学校の低学年の頃の記憶がほぼない。先生の顔も、友達の名前も、好きな教科も覚えていない。それでも、孤独ではなかったはずだ。本さえ手にしていれば、私は孤独ではない。

私が中学生の頃はコバルト文庫とハリウッド映画の華麗なる全盛期で、読んだり見たりするだけでは飽き足らず、自分でも小説や映画の脚本を地味にこつこつと量産した。たいてい中学生の少女たちが主人公で、ＳＦやドタバタ学園コメディ、恋愛もの。学校が宇宙戦争に巻き込まれ……とか、お金持ちの令嬢が身分を隠して恋をして……と、いま公開されたら下着姿をカレンダーにするくらい恥ずかしい代物だ。書くのはいつも学校の授業中。ノートにペンを走らせている限り、先生は何も言わなかった。

高校生になると私は、栗本薫、北杜夫、山田詠美などが好きになり、その他にも手あたり次第に本を読み漁り、近所の本好きの大学生のお姉さんからも大量に本を借りていた。お姉さんは毎回『ナイン・ストーリーズ』『風の歌を聴け』『限りなく透明に近いブルー』『我が名はアラム』など、やや大人な本を紙袋に詰めてくれた。『キッチン』は、そんな紙袋の中にあった。

単行本『キッチン』は三つの小編から構成され、最初が表題の「キッチン」、次に「満月――キッチン2」と続く。最後の「ムーンライト・シャドウ」だけは独立した小編だ。

「キッチン」「満月――キッチン2」とは、「この世でいちばん好きな場所は台所」というみかげの一人称で書かれている。みかげの唯一の肉親である祖母が亡くなった後、祖母と親交のあった雄一という男性が訪ねてくる。彼は、性転換を遂げて「母親」となったえりこと二人暮らしで、天涯孤独になってしまったみかげに「うちに来ないか」と声をかける。みかげは彼らの家のキッチンに好感を抱き、三人暮らしが始まった。

愛する人の死が生み出す暗い穴を前にした物語だが、春風が新緑をゆらすような会話が気持ちよく、誰かの夢の中にいるような浮遊感も漂っている。

続編となる「満月――キッチン2」の冒頭では、今度は雄一が天涯孤独になる。死の残り香が漂う家の中で、みかげと雄一の夜が交差する。それが恋なのかどうかは誰にもわからない。

少なくとも、ぱっくりと口を開けた穴の中に飛び込んでしまわないようにと、ふたりは大量に料理を作り、よく食べ、よく笑う。

私は、苦しいくらいに『キッチン』に夢中になった。自分でも買い求め、学校や美容院などに本を持ち歩き、何度も読み返した。当時の私は両親と妹と狭いマンションに暮らしていて、髪の毛を脱色することくらいしか世に抵抗する手段を思いつけない平凡な女子高生だった。まだ男性と手を握ったことすらなく、みかげと雄一みたいな関係も、本当の孤独というもの、そして料理の仕方も知らなかった。

最初の変化は、私が書く小説に現れた。偶然出会った男女が短い会話を通じてお互いをさぐるというプロットの恋愛小説を書きはじめたのである。完成したあとは一文字ずつワープロで清書し、プリントした。そうして自分の部屋の隅っこで本の形に綴じた瞬間、凄まじい感動と達成感で満たされた。しかし、それからが問題だ。活字になった状態で読み返すと、内容の薄っぺらさと、ちぐはぐな文章表現に胸焼けしそう。それは、焦げ目だけがしっかりついた生焼けのグラタンみたいだった。私は己の小説を書く才能に絶望し、映画制作の道に進むべく自分を鼓舞した。脚本を書き、仲間を集め、映画作品を作るという変てこな青春の始まりだった。

『キッチン』から起こった次の変化は、より深く、そして長く人生全体に関わるものだった。私はある時、三編目の『ムーンライト・シャドウ』について書かれた事実に注目した。そこには、吉本ばななは、この小説を日本大学芸術学部の卒業制作で書いたと記されていた。調べてみると、その大学には映画や放送という映像制作に関する学科もあるらしい。よし、私もそこに進学しようと決意した。なんと単純な。さすが一〇代である。かくして私は受験勉強に精を出し、放送学科の新入生となった。

キッチンという小説が持つ底知れぬ魅力とはなんなんだろう。

人生にはのっぴきならない理不尽なことが起こるけれど、同じくらいの確率で奇跡みたいな出会いもあること。誰かが作るご飯は偉大なパワーを秘めていること。眠れない夜は長すぎるけど、ちゃんと朝がくること。そんなことを私に教えてくれた。そして、みかげと雄一が織りなす——お互いを思いやりながらも、緊張感が漲る——会話の魅力も色褪せない。全男性をまとめて雑に恨みたくなるような夜に、いつか自分にも雄一みたいな男性が出現するかもしれない、という小さな希望を抱き続けられることもプラスだった。まあ、それらをひっくるめてブレンドして、足したりひいたりした全てが魅力なのだ。
とはいえ、私が唯一納得できないのが、カツ丼のことだ。
「満月――キッチン2」には、カツ丼が重要な要素として登場する。

このカツ丼はほとんどめぐりあい、と言ってもいいような腕前だと思った。カツの肉の質といい、だしの味といい、玉子と玉ねぎの煮えぐあいといい、固めにたいたごはんの米といい、非のうちどころがない。

その夜、みかげと雄一はそれぞれ別の場所に旅をしている。みかげは、夜遅くたまたま入ったお店のカツ丼の美味しさに驚き、豆腐ばかりを出す旅館に泊まっている雄一に届けてあげようと思いつく。私はこのくだりが好きで、そらで言えるほど読み込んだものだ。

しかしながら、私自身は、カツ丼は好きではない。なぜ、いったん揚げてパリッとさせたものを、わざわざタレをかけたり卵で閉じたりしてふにゃっとさせてしまうか。まったく理解不能だ。トンカツに比べると往生際が悪く、妥協の産物という感が否めない。ぶにょっとしたカツの衣を頬張るたび、やっぱり私はトンカツ一筋でいく、という固い決意だけが新たになるのだ。

意気込んで日大芸術学部に入学したわりに、私の大学生活はヒドいものだった。授業には最低限しか出ず、バイトと飲み会に忙しく、恋や失恋に心を奪われ、小説も脚本も書かず、映画もつくらず、就職活動も放棄した。大学卒業後は半ばやけっぱちに渡米し、そこでようやく人生の帳尻を合わせるべく大学院を卒業。その後は、南米やアジアをうろうろしながら、国際協力分野で必死に働いた。小説や映画を創作してきたことも、日大芸術学部で習得した（わずかな）知識や経験も、その仕事には役に立たなかった。『キッチン』に人生が導かれたように思えたけれど、実は壮大な回り道をしただけだったのだろう。

三〇代になると、パリの国際機関に就職し、ようやく腰を落ち着けた。パリの部屋のキッチンは美しく、白い琺瑯のカウンターの向こうには大きな窓があり、レンガと木々に彩られた小さな中庭と空が見えた。

言葉が通じない国でのひとり暮らしだということもあり、引っ越したばかりの頃はかなり孤独だった。その孤独な時間を埋めるように、よく料理をした。特に誰かのために料理をすることが好きだった。お祝い事はもとより、お酒を飲みたい時、友人が悩みごとを抱えている時、大勢で集まりたい時、ただ好きな人と一緒にいたい時、キッチンに立った。時間だけはいっぱいあったので、角煮とかシチューとか時間や手間がかかる料理もよく作ったし、魚でも肉でも野菜でも衣をつけてどんどん揚げた。ただし、まだカツ丼の魅力だけはわからなかった。

誰かのために料理をする理由はなんでもよかった。国から国へと転居をひっきりなしに繰り返すうち、人と人が一緒にいられる時期はとても短いことを悟った。どんなに親しい人でも去る時はあっという間に去っていく。中にはパッと死んでしまう人もいて、二度と会えなくなってしまった。それでも、温かいご飯さえあればちょっと元気になれる。料理をしている私は、少なくとも孤独ではなかった。この頃には、言葉にできない曖昧な関係も、人生で二度と訪れない奇跡みたいな夜も、愛という言葉を口にしなくても誰かを愛せることも、その全てがようやくわかる年になっていた。

こうして何周も遅れる格好で、私は再びものを書き始め、三八歳で一冊の本を出した。『パリでメシを食う。』というタイトルで、パリに暮らす一〇人の人生を追ったものだ。

それからは、ずっとものを書いて暮らしている。

さらに時が経ち、四九歳になったある冬の日のことだ。私はどういう巡り合わせか、日大芸術学部時代の同級生と二人で、劇場用の長編ドキュメンタリー映画を制作していた。驚くなかれ、私は三〇年ぶりに映画を作ることを決意していた。それにしても、映画を作ることは想像するよりも二〇倍くらい大変なことだった。何ヶ月も自宅で編集作業を続け、その日は私も友人も倒れそうなくらい疲れ果てていた。料理などをする気はとうていおきず、友人には「蕎麦でもとろう」と声をかけた。蕎麦屋に電話をかけると、「ちょっと時間がかかります」と言いながらも、出前を引き受けてくれた。あまりに空腹なので、私たちは一番ヘビーそうなカツ丼と蕎麦のセットを頼んだ。

四〇分ほどで届いたカツ丼セットは、漆塗りの重箱に入っていた。上段に温かいカツ丼で下段に冷たい蕎麦。カツには、タレがかかり、卵はふわりと上品に乗っていた。一口食べて、仰天した。カツの衣はまだ適度にパリッとし、タレと卵の絡み方も完璧で、ご飯と一緒に口に運ぶたびに、高揚感に包まれた。なんて、美味しいのでしょうか！　この奇跡のカツ丼は、現実のもの？

その時、電撃的に理解した。これだったのか。みかげが雄一に届けたのは。

理解するまでに、なんという長い時間が必要だったのだろう。カツ丼の大いなる秘密。そして一八歳の自分の選択の意味。強く願えば人生の好機は、何度だってめぐってくることも。

絵が一片の詩であると知る

牧野伊三夫

山口薫『山口薫素描集』（一九八三年 用美社）

美術大学を卒業した二十三、四の頃、わずかな間であったが、東京の丸の内の広告制作会社でデザインの仕事をしていた。とはいえ、名刺の肩書のデザイナーというのは名ばかり。実際の仕事はといえば、日々、暗室にこもって写植文字をひきのばしたり、雑誌のサイズに合わせて出稿する広告の版下を作ったりの下働きであった。一九九〇年頃、まだバブル景気の残り香で広告業界は景気がよく、朝出勤すると帰りは早くて深夜二時、三時、いつ家に帰れるかしれなかった。今思えば、会社で通用する一人前のデザイナーになるための修行期間で、上京して温室のような美術大学の世界しか知らなかった自分にとって、これほどありがたいことはないのだが、当時は若かったから、ただつらかった。しかし、他に自分にできる仕事もなかった。

せっかく会社に就職したのだから、がむしゃらに会社の仕事をして、早く一人前になる努力をすべきなのだが、どういうわけか、それがどうしてもできない。自分は広告デザイナーにまったく向いていないと感じていた。「俺はこの先、どうなるのだろう」。そんなことを思いながら、パレスビルの九階にあった会社の窓から通りを歩く人を見つめていると、ときに涙があふれてきた。そうして、とうとう東京駅から会社までのわずかな道中で、皇居の堀に泳ぐ白鳥を目で追ううちに動けなくなって遅刻をしたり、出社中に駅で降りられず、そのまま海に行ったりするようになった。これはもう、完全なる精神衰弱である。そんなふうにひどい状態で勤めを続けていたのであるが、会社の先輩方は優しかった。おそらく、見かねて遠くから手をさしのべてくださったのだろう、ある日、雑誌に掲載するビールの連載の突き出し広告のデザインを任された。テレビコマーシャルや駅貼りのB倍ポスター、電車の中吊り広告などの大きな仕事が主だったから、会社の仕事としてはもっとも地味な部類である。が、ようやく会社で居場所を得たことが僕はうれしくてたまらず、プレゼンテーションのために、ラフを何案もつくった。

そのなかに、イラストレーションを用いた案があったのだが、いわゆる人気のイラストレーターではなく、こつこつ地味に絵を描いているような画家に依頼したいと思った。それで描き手を探すために訪ねた書店の美術書のコーナーで、一冊の画集に出合った。洋画家、山口薫の『山口薫素描集』（用美社刊）である。

忘れもしない。かすれるように鉛筆で走り描かれたパリの風景やラフ、リンゴやカキなどの果物、そして庭の草花や石ころ、飼い犬、抽象的な風景、クモの巣、電気コード、ただの紐。朴訥として、無口な鉛筆の線画や、わずかに着彩された絵。その傍らに言葉が走り書きされている。

「俺は俺の絵がわからない」

「小さい町に住みて、やがてゆふ方がき　私は窓のあかりをかぞえている　一つ二つ三つ四つと　空は暗いコバルトブルー　その空に　一つ星がみえる」

「イモのようなクマ（飼い犬）のひるね」

「赤と青と黄色の火」

　落書きのような素朴な絵だが、数寄屋造りの家に飾っておきたくなるような品のよい趣きがあった。こんな画家がいたとは知らなかった。まるで詩集のような素描集の絵と言葉に、仕事であることを忘れて釘付けになる。

　その日から、山口薫が心のなかに棲むようになった。当時の月給が手取りで十二、三万円くらいであったと思う。これに半年に一度、ボーナスがつくが、ペーペーだからせいぜい十五万円程度ではなかったか。家賃と昼食代を支払うともうぎりぎりで、毎日の残業夕食をあてにしていたような暮らしぶりだったが、山口薫の油彩画の画集があると知り、どうしても欲しくなった。第一集と第二集の二冊で八万円ほどしたが、若かったから、後先など考えない。迷うことなく買って、その後、しばらく水道代が払えなくなった。これには困った。あるとき厠で用を足したあと水が流れないので、おや、こんな時間に断水かとのんきに考えていたら、水道メーターが撤去されていたのだ。同じアパートの住民のところへバケツを持って水をわけてもらったことをいまもおぼえている。

山口薫を知り、学生時代から憧れていたいわゆる現代美術の作家たち、ジャン・ミシェル・バスキアやヨーゼフ・ボイス、ロジャー・アックリングなどの仕事を追いかけなければという思いが次第に遠のき、自分は未来に向けての新しい美術表現をしなくてはならないという盲目的な呪縛から解き放たれていった。そして、もう過去に終わったものだと考えていた岡本太郎や坂本繁二郎、ピカソ、ゴッホ、ゴーギャンなどの著名な近代の画家たちに目を向けるようになった。実はこれまで美術の先端ばかり追いかけて、こうした過去の巨匠たちの仕事をほとんど知らずにやりすごしていたのである。

山口薫の絵には油彩が用いられているが、描いている絵の根底には、日本人ならではの感情や美意識がある。はっきり語らず、口ごもるような朴訥とした描線。西洋絵画における空間ではなく、「間」。間には時を描き出す力があるのだ。そして西洋的な透視法ではなく日本古来の平面的な描写。まさに、日本人にしか理解できず、描けない西洋絵画だ。「茶の湯」を「ティーセレモニー」、「盆踊り」を「ボンダンス」と訳されると胸がざわざわとする。茶の湯はどうしようもなく、茶の湯であり、盆踊りはどうしようもなく盆踊りなのだ。わたしたちは、鰻を串に刺して炭火で焼き、醬油の焦げる臭いに鼻をくんくん鳴らす民族なのである。いかに西洋絵画がすぐれているとはいえ、わずか百年たらずでそれをそのまま私たちのものとするには少々無理がある。これは西洋絵画と向き合った、日本人画家の偽らざる答えではないか。山口薫の絵は、べたべたと油絵の具を塗りたくったものではなく、黒くかすれた木炭の筆致が残っていたり、淡く溶かれた絵具がさっとかけてあったりする。すみずみまできっちり描き込むなどという絵とはまったく無縁で、ザラザラした画肌むき出しの、まだ制作途中なのではないかとも思えるほどよいところで筆を置いている。そこに、独特の凛とした間がある。これは山口薫自身の呼吸や心の間合いとアトリエに漂う空気がつくりあげるものだろう。自分自身のそれに、じっと耳をすましている様子が伝わってくる。描いてつくりあげるとか、何かを主張するとかではなく、描きながらほころんでいく自分を見つめているようにもみえる。画家とは、ある情熱や狂気、幻想などに憑かれて絵を描くものだと思っていたから、こうして心の内の詩情を静かに見つめていることに衝撃を受けた。声を荒げることも、立派に見せようとすることもしない。そこには描くことに対する含羞さえ感じる。絵にはじらいが表現できるとは、山口薫の絵を見るまで思ってもみなかった。そして彼の絵の背後に、なんとなく禅や茶、わび、さびなどの美を感じとり、そうしたものへの関心も芽生えた。小野竹喬や川崎小虎といった近代の日本画家たち、雪舟や南画などの古典的な水墨画。果てしなく愉快に絵の世界はひろがっていった。

僕は子供の頃から絵を描くことが好きで、美術大学へも通ったが、画家になろうなどとは一度も考えたことがなかった。また、なれるとも思っていなかった。画家になるほど絵の才能があるとも思えず、そういう仕事とは自分から離れた遠いところの、たとえば画壇のような場所にあるのだと思っていたのだ。もともと家から外へ出て何かすることが好きだったので、一日屋内に籠って独り絵を描くのが嫌だったということもある。ところが自分も画家として描いてみたいという思いが、どうにも抑えがたく高まってきた。そして二十六歳の春、会社に辞表を出すことにした。自分が進むべき方向だと、全身で山口薫を信じたのである。貯金もなく、浮浪者になることを覚悟のうえだった。

『山口薫素描集』の冒頭には、アトリエでの山口薫の酒の飲み方が記されている。ウィスキーの瓶と急須を坐右に備え、グラスで一息飲むと小さな茶碗に煎茶をそそぎ、ぐっと飲みほすという、一風変わった飲み方をしていたらしい。会社を辞め、武蔵小金井の駅から遠い栗林のなかにある少し広いアパートの六畳をアトリエにして一日中絵を描く生活をはじめると、少しでも山口の気分をわかりたいと、真似てそうやって飲むようになった。

画家にとって、ある画家に惚れ込んでしまうというのは、おそろしいことでもある、ということはわかっていた。影響を受けすぎるとそこから抜け出して、自分らしい作品が描けなくなるからである。惚れたが負けなのだ。実際、なにを描いても山口風の絵になり、自分はやはり画家になれないのではないかと、絶望的になることが何度もあった。早くこうした状況から抜け出さねば、という焦りを感じていたが、一方で、このままずっと山口薫の世界に耽溺していたいとも思っていた。それ以上に魅力的だと思える画家がいなかったからである。ようやくそこから抜け出して、いくらか自分でも新しい絵が描けるようになったと思えるようになったのは、それから二十年以上たった頃であったろうか。いろいろな音楽家たちと即興でコラボレーションをして絵を描くようになり、僕は自分のなかにすっかり巣くっていた山口の世界を吐き出すように、詩情も、色も形もバランスも捨ててデタラメな絵を描きはじめたのだ。大事にしてきた何もかもを、本気で一度、たたき壊してしまおう、そう思うときがやってきた。心ゆくまで山口薫に溺れているうちに、いつしか自然と自分の世界を追求するようになったのである。

いまもときどき、書棚からこの素描集を取り出して眺める。たいがい仕事に行き詰まったときで、ひらくと山口薫が、わからなければ、わからないという絵を描けばいい。迷っているなら、迷っている絵を描けばいい。自分の心を見つめて正直に描け、と語りかけてくる。その声は、僕のなかの懐かしい記憶も蘇らせる。そして、やはり、山口薫はいいなと思う。

解釈や理解をすり抜けるものの話

星野概念

岸政彦『断片的なものの社会学』（二〇一五年 朝日出版社）

僕には、中学校の時に知り合って、今でも酒を酌み交わす友人が一人だけいます。一人……。我ながら少ない気もするのですが、長く関係が続く友人というのはそんなに多いものではないのかもしれません。不思議に思うのは、学生時代、彼とは「つるむ」間柄ではなかったことです。学生時代に長く時間を過ごした友人は、お互い他にいました。その友人たちと仲違いをしたわけでもありません。でも、社会人になってから二〇年が経過しようとする今でも、時々会って話をするのは彼だけです。

中高時代を思い出してみると、彼とは活動する領域があまり重なっていなかった気がします。彼はクイズ研究会、僕はバンド活動に熱を入れていました。多く時間を過ごす友人は、それぞれの領域の中で増えていくのが当然だと思うので、彼と話をするのは本当に時々だったと記憶しています。

時々彼と話す中で感じていたのは、なんだか〝何かが通じる人〟だということでした。その時の自分には、それが何なのか摑めていませんでした。当時、僕の中には、多くの時間を過ごしていた友人やバンドメンバーとはなかなか共有できない、なんだか面白いのか面白くないのか自分でもわからないけどこういうのがすごく好きだ、という感覚がありました。もしかしたら、こういった周りとはわかち合いにくいものが自分の中にある実感は、比較的多くの人が感じていたことかもしれません。でも当時の僕には、そんな風に俯瞰する視点はなく、この言い表すことの難しい微妙で絶妙な感覚を共有できる人が多くいたらうれしいのに、と漠然と思っていた気がします。彼にだけはその感覚が通じる気はしていたので、話すのが時々でも僕にとっては彼と話す時間は特別なものだったと思います。

彼にとっては僕だけがその相手だったかどうかわかりませんが、彼もきっと僕に対して何かが通ずる相手だという感覚を持っていたのでしょう。ある時、彼に「これを観るように」とビデオテープを渡されました。VHSしかなかった時代です。それは、大竹まこと、きたろう、斉木しげるから成るコントユニット、シティボーイズのライブが八時間も収録されたビデオテープでした。

僕はそれまでも、自分が好きだと思う感覚を刺激してくれるものを探していましたが、僕が出会っていたテレビ番組や雑誌にはほとんどその要素を見つけられていませんでした。そのビデオテープには、それがぎっしり詰まっていたのです。最初に観た時には、こんなものが存在していたのか！　と驚き、大きなうれしさが湧いてきました。今観ても意味がわからないその表現。なんかいい、なんかおもろい、と感じるものが僕はきっと好きで、そういったものの意味や面白さの理由を「なんか」以上にはっきりさせたいとは特に思わないらしいという自分の趣向が、何度もビデオテープを再生するうちに気づいたことです。

彼と僕が今でも会い、話すのは、自分の中の言葉になりきらない「よさ」の感覚をどこかで共有しているからだと思います。バンド仲間とは、バンド活動や音楽を軸に繋がっていたように、彼とは、自分の奥のようなところにある予感がする、普遍的な雰囲気の漂う価値観で繋がっているのではないかと感じます。この、〝ものすごく曖昧だけど曖昧なまま大切にしておきたい感覚〟を共有できる人がいるのは、僕にとってとても貴重なことです。

そんな彼が数年前、「シティボーイズのコントみたいな本があった」と教えてくれたのが、『断片的なものの社会学』です。本書の著者は、ある歴史的な出来事を体験した当事者の生活史の語りを聞き、それを分析する社会学者の岸政彦氏。個人的な語りや生活史を分析することを専門にする著者が、日常生活や聞き取り調査の現場に転がる「分析も解釈もできないこと」ばかりを集めた本です。

この本と出会って自分の中に湧いてきた様々な思いを感じ、僕は自分が精神医療に従事し続けるモチベーションについて考えました。精神医療に従事するといっても、その形は実はたくさんあります。僕は精神科医ですが、精神科医の一般的なイメージは診察室や入院病棟に勤務して、病院の中で困りごとのある人と話し、診断をし、それに基づいて投薬などの治療をするというものでしょうか。確かにこんな形で従事している人は多いと思うし、僕もしばらくの間はこれに近い形を基本にしていました。

病院で患者さんとして訪れる人を待ち、来てくれた人を診察室で診療するというのは、医師というアイデンティティを自分の中に圧倒的な主体として持ちながら居ると、やりがいがあるもので、僕は精神医学を学び、目の前の人を診断という形で見立て、適切な治療を提供するための学びに夢中になっていました。ただこの時期、診察室で会う人の話をしっかりきいていたかどうかは、振り返ってみると自信がありません。さぼっている自覚はありませんでしたが、当時僕が一生懸命きこうとしていたのは、その人の話そのものではなく、診断を考えるのに役立つその人の話でした。医師としての仕事は診療なので、診療にかかわる話以外はノイズと考えれば、それが悪いことだったとは言えません。でも、その人の語りは診療に役立つかどうかで進むわけではないので、きいている自分が役立ちそうな内容を選別していたのだと思うと、人の語りを勝手に編集しようとする傲慢さがあった気がするし、きいている時には気づかなかった大切なその人の要素を感じ逃し、こぼしていたことが悔やまれたりもします。

ある日、診察室に来てくれた人が僕にバンビのぬいぐるみをくれたことがありました。その人は、僕がその病院を辞めるらしいという情報をどこからか仕入れ、それまでの感謝のしるしにそれを用意してくれたと話してくれました。その時の僕の状況は、辞める話が浮上していたもののまだ辞めることが決まっておらず、診察室でそんな話をしたこともなかったので、その情報が出回っていることにまず驚きました。でもその分、まるで予想していなかったプレゼントだったのでとてもうれしい気持ちになったのを覚えています。

その人に、バンビのぬいぐるみについてたずねました。その人は僕よりも随分年上で、ぬいぐるみに囲まれている雰囲気はありませんでした。そんな人がどのようにしてバンビを用意してくれたのか、そもそもなぜバンビなのか。うれしさとともに気になることはたくさんありました。その人は「ＵＦＯキャッチャーやったらバンビが取れた」と教えてくれました。僕が感じていた通り、ぬいぐるみが好きな人ではありませんでした。でもゲームセンターが好きで、パートナーさんと一緒に馴染みのゲームセンターに行ってＵＦＯキャッチャーをしたらたまたま物品をつかむことができ、それがバンビで、その人もパートナーさんも特にいらないので渡しにきてくれたということでした。その話を教えてくれながら、「これに入れて持って帰って」と、当時はまだ有料化されていなかったコンビニのビニール袋を渡してくれました。そのビニール袋にはピンク色の何かがくっついていて、みてみるとそれは「ありがとう」と書かれたピンクの付箋でした。

作為的なのか、そうではないのか。その人はただ、ＵＦＯキャッチャーでバンビが取れて、いらないから持ってきて、ありがとうの付箋をつけたビニール袋とともにプレゼントをしてくれただけです。そこにどんな気持ちがあったのか、きいても「ありがとうございました」と言ってくれるだけでした。胸の内はその人にしかわからないことではありますが、きっと本当に言葉になるのはそれだけだったのだと思います。僕はその人に、言い表せないほど豊かな気持ちにさせてもらいましたが、この出来事をこれ以上分析することができません。分析しようとも思いません。

僕が辞めて、次の担当医に引き継ぎをする時、その人のカルテにこのエピソードは書きませんでした。僕としては、胸がいっぱいになるこのエピソードを伝えたいと思ったけれど、このエピソードに精神医学的な要素があるわけではありません。言葉は少ないけれどやさしい人、くらいの引き継ぎはしたかもしれませんが、人間関係としての個人的な感想をカルテに書くとキリがないし、読む人がそれを読みたいかどうかもわからないので書きませんでした。

この頃から、僕は診療の中にちりばめられている、医学的ではない、診断をする要素としてはほとんど意味のないようなことにこそ、その人のその人らしさが相似形のように表現されると感じるようになりました。その人はどんなところでどんな生活をしているのか。普段の淡々とした生活場面はどんな景色なのか。小さいけれどその人のこころにパッと色がつくような瞬間はどんな瞬間なのか。それまで捉えようとしていた、診断に役立ちそうな「症状」と言えそうなエピソードも、だんだん「症状」ではなく、ただその人はそう思っているのだなぁと感じられるようになり、気づけば診断自体をあまりしなくなりました。医師というアイデンティティがどんどん薄れていくにつれ、その人が困っていることや、その人がうれしいと感じることを想像しやすくなり、診療が豊かになっていくのは面白いジレンマだと感じています。今では診療場所も診察室だけでなく、自宅を訪問して生活場面の中でかかわらせてもらうことが増えていて、人の持つ多様性は本当に細部に宿るということをますます実感し、言葉にできない微妙で絶妙な「よさ」の感覚を刺激されることが増えています。

きっとこんなことが、僕が精神医療に従事し続けているモチベーションになっています。そして、思い返してみると、バンビをもらった頃と、『断片的なものの社会学』を読んだ時期はとても近いのです。「世界中で何事でもないような何事かが常に起きて」いると書かれるこの本によって、そのようなものに心の底から魅力を感じる自分の感性と、自分の仕事との架け橋がかけられたのかもしれません。

幼稚園ぐらいの時に、路上に転がっている無数の小石のうちからひとつを拾い上げてうっとりと眺めていたらしい著者は、数年間放置されている一般の人が書いたブログやSNSのつぶやきを眺めるのが好きだとも書いています。ただそこにあるそれらは、著者の解釈や理解をすり抜けるもので、そのかけがえなさと無意味さに震えるほど感動する著者。社会学者としての著者の聞き取り調査の現場でも、僕が身を置く診療の場でも、誰の日常生活にも、唐突で理解できないことが無数に起きているのです。その美しさ、豊かさ、かけがえのなさを感じられることは、本当にありがたくうれしいことです。

小さな物語などありえない

五所純子

深沢七郎「安芸のやぐも唄」『庶民烈伝』（一九七〇年 新潮社）ほかに収録

猿のように育ったのだと思う。東京で出会った友人がわたしの走る姿をみておろおろした。本を読んだり文章を書いたりするひとは、足が遅く、球技なんかも鈍くさい、そういうもんだと思ってた、と友人は言った。わたしは足が速い。投球のほうも、高校野球の強豪校の元ピッチャーが感嘆するくらいには出来がいい。けれど友人を驚かせたのは、スピードというよりも、陸上競技を少々かじった野猿のようなランニングフォームだったらしく、友人にしてみれば、つい先ほどまでモーションキャプチャがどうとかルーメンという単位がどうとかおしゃべりしていた相手が、突如として野蛮人に豹変して目のまえを駆け回っているのだから、さぞかし困惑したことだろう。しばらくして大いに笑い合い、わたしは二度三度と走ってみせた。それまで披露する機会がなかっただけで、別に隠していたつもりはないのだが、でも隠していたのかもしれないとも思う。

いつ読んだのか、おぼえていない。一〇代か二〇代のどこかだった。これもはっきりしないのだけれど、たぶん二〇代中盤あたり、はっきりおぼえているのは地下鉄のシートに並んで座った編集者から「好きな小説は?」と訊かれ、「わたしは結局、深沢七郎の『安芸のやぐも唄』がいちばん好きなんだと思います」と答えたこと。このときにはじめて、わたしは「安芸のやぐも唄」がいちばん好きなのだと気がついた。不思議なのは、家に帰って本棚を探してみても、「安芸のやぐも唄」(が収録されている『庶民烈伝』)がなかったことで、それからは思いつくたびに買うようになった。新潮文庫版、新潮社の単行本、中公文庫版、筑摩書房の『深沢七郎集』第四巻などがある。ちくま文庫の『深沢七郎コレクション 転』(「庶民烈伝 序章」「おくま嘘歌」は入っているが、「安芸のやぐも唄」はない)はまちがって買った。

おタミはまちがっている。

おタミの盛大なまちがいに、わたしは共振共鳴した。

おタミの甚大なまちがいの世界がなければ、わたしは書いていなかったかもしれない。

「安芸のやぐも唄」はコンパクトな短編だ。安芸は広島県西部をさす旧国名、「街の中心部」におタミがいる。ある日、「この夏でいちばん暑い日」になりそうな「今日」という日、「みんな」が「そこ」へ行って「あの日の出来事を騒ぐ日」に、おタミは「あの日の出来事を思いだすのが怖ろしいから」家のなかにいる。なぜ怖ろしいかといえば、「あの日、おタミの両眼は、空に、突然現れた大きい入道雲を見た瞬間、まっくらになってしまったのだった」。

読めばすぐに気づく。「今日」や「あの日」は八月六日、「大きい入道雲」はキノコ雲、かつてアメリカ軍が広島に投下した原子爆弾によっておタミは失明した。後年、爆心地に開設された平和記念公園に、ひとびとが集まり、平和式典を開催する。おタミは「勿論、行く筈もない」と、やけにきっぱりしている。その勢いにつられて、「みんな」というのはおタミを除くすべてのひとだと言ってみる。読み進めるにつれ確信に変わる。

暗示的だ。ことごとく明示が避けられる。八月六日、キノコ雲、原子爆弾、平和記念式典、「ひろしま平和の歌」、デモ、シュプレヒコール、日本、アメリカなど、記号的で分別のついた語彙が記されることはない。すべてはおタミの語彙にしたがい、おタミの意識を構成する語彙のとおりに語られる。たとえば、おタミが生活するバラック小屋の間取りには2畳間と3尺の土間という具体的な数値があっても（深沢は漢数字でなく算用数字をよく使い、これも「庶民」へのこだわりだろうか）、家の位置を広く地理的につかもうとすると、尺貫法でなく、長男の家からどれくらい離れているかという心象で計測される。たとえば、世間での身の上が「めくら」という通称から「あんま」という職業名へと置き換わっていく変化が、おタミにも聞こえている。

いかにも無知無学のばあさんだ。「あの雲は、誰が作ったンじゃろう?」という声に突出している。目を灼かれて一〇年も一五年もたつのに、その問いを空中に浮かべたままでいる。国家間戦争よりも、やくざの仲間に入った次男をどうにか軍需工場に出勤させるほうが一大事であったおタミだ、いかにも見識が狭い。

それだけではない。街のひとが勧めてくれた生活扶助を断るおタミだ、いかにも可愛げがない。目のみならず足が動かなくなっても手は動くからと按摩の仕事をやめないおタミだ、いかにも意固地である。被曝者の救済事業の募金がくればシーッと追い払うおタミだ、いかにも身の程を知らない。いかにも、いかにも。

おタミは「みんな」拒否する。べつの言い方をすれば、被害者であることを全面的に拒否している。おタミによく似たばあさんたちが田舎にいたのをわたしは思い出す。口が達者だったばあさんが、じつは文字をほとんど書けなかったと死んでからわかったこと。孝行者で知られたばあさんが、一族郎党の共同墓には入らないと死ぬ間際に言い出したこと。夫の軍人恩給のおかげで金満家になったと噂のばあさんが死んで、水道料金を節約するために台所のバケツに大量の尿を溜めているのが見つかったこと……。だからおタミの存在はわたしにとって無理がない。ばあさんたちが隠していたのは、ばあさんたちに隠れていたのは、「わたしを被害者と呼ぶなョ。わたしの体験を被害と呼んでくれるなョ。幸や不幸くらいじぶんで決めるからョ」という烈しさだと思う。被害という恥が支える烈しさ。

おタミの激烈さがしだいに露呈する。「安芸のやぐも唄」には二首の歌がでてくる。一首めは「なんの唄だかしらない。意味もよく判らないがアメ屋が歌ったあの唄」。二首めはおタミがつくった替え歌だ。

やぐも立つ、いずもやえがき妻ごみに
やえがき作るそのやえがきを
（八雲立つ　出雲八重垣　妻ごみに　八重垣作る　その八重垣を）

やぐもたつ、あきのやえぐも孫とりに
やえぐも作るそのやえぐもを
（八雲立つ　安芸の八重雲　孫とりに　八重雲作る　その八重雲を）

『古事記』を読んだことのなかったわたしは近年になって、この一首めが「日本最古の書物にでてくる最初の歌であり、和歌の始祖ともいわれる」と知った。深沢は自分を庶民にしたがるけれど、これを題材にとれるなんて十分に教養人じゃないか、と思いかけた。けれど祖父さん祖母さんが「ボルケーノ太田」と同じイントテーションで「スサノオノミコト」と言っていた声が（近所の爺さん婆さんが「タカマガハラちゅうンはわしらが住んじょるここらへんのことやき」と満足げに話していた声も）ふくふくと耳に蘇ってきた。祖父母世代の深沢にとっては基礎教養、常識、耳学問……いや、そんなもの以前に染みついた調子のようなものだろう。その調べが残響するわたしの体質も、なんだか古臭い。

「出雲国に幾重にも立ちのぼる雲のように、家のまわりに幾重にも囲いをつくり、そこに妻を籠らせよう」。男神スサノオノミコトが女神クシナダヒメをともなって出雲に宮を建てたときの歌で、祝婚歌としても後代に受け継がれてきたという。

これを踏まえて、おタミの替え歌を読んでみる。「日本の国土創生譚のなかで出雲国に幾重にも立ちのぼる雲のように、安芸国に幾重にも雲がのぼり、孫を取り殺した」。安芸に落とされた原子爆弾が、孫や子を奪い、おタミを天涯孤独にしたときの歌である。

『古事記』が天皇中心の国家体制を正統化するために用いられてきた歴史をふりかえると、『風流夢譚』の不敬さよりも、おタミの本歌取りのほうが大胆不敵でおっかない。『古事記』が国生み神話なら、「安芸のやぐも唄」は国殺し歌か。いや、左から読めば反国家の歌、右から読めば反米の歌、前からは反戦の歌、後ろからは平和の歌、上からは憐憫の歌、横からは悲哀の歌、下からは憤怒の歌……。よくできている。「みんな」がおタミを遠目に慰めているように、この歌は、どこから読んでもほどよく同調でき、いっそ慰謝の気を起こさせるだろう。

八方美人な歌だ。世間様の眼をかいくぐる歌。けれど、だからこそ、おタミの激烈さが隠れこんだ歌。斜から読むと、これは老女がみずからに捧げた祝婚の歌だ。おタミはなにと結ばれたのか。

「あの雲は」

とおタミのめくらの眼はあのとき天に現われた七色の雲を思い浮べた。1人だけでなにも怖れなく生きていくのを知ったのはあの雲の現われたときからである。

「あの雲ン中には」

とおタミのめくらの眼には赤い、黄色い、青い、紫の、巨大な虹の入道雲が映っていた。

（あの雲ン中には神様（カミサン）が）

とおタミは思った。

神だった。

原子雲に神を見いだすとは無知蒙昧。目を潰し孫を殺した破壊兵器を救済者のごとく崇めるとは倒錯。史上最悪の戦争犯罪をひとりの自立の契機にすりかえるとは放恣。モノクロームの悲劇をレインボーの幻覚で美化するとは不謹慎。もし孫が生きていたら無神論だとか科学的思考だとかを鼻にかけて「ばあちゃん、むかしは賤者を神仏扱いしたらしいけど、いまは神仏を信じるやつを賤しいと見なすんだよ」とおタミの後進性を嘲笑ったかもしれない。いかにも、いかにも、おタミはまちがっている。

けれど、後進的であるがゆえにおタミは自由奔放なのだ。倒立する悲惨、孤絶するほど極まる至福。「安芸のやぐも唄」、この矛盾の豊富さよ。おタミは、被害者であることを切断し、被害者でないものに転位する。なんと強情で、なんと気高いのだろう。

ひとりの幸福は原子爆弾の圧倒的悲惨に匹敵し、その逆もしかり。深沢七郎は「庶民」と題して照れてみせるけれど、小さな物語などありえないと「烈伝」で伝える。巨大な物語が無数にひしめくのが世界だということ。

やはり照れる。照れるほかない。庶民に憧れ、庶民に生きようとし、庶民と言われて気をよくする深沢七郎は、だから庶民ではない。庶民を書くというのは、どこかで庶民に背中で手を切ることで、この背理に深沢七郎の生涯を思ったりする。

「安芸のやぐも唄」は、わたしを野猿に引き戻して「読めヨ」という。

「安芸のやぐも唄」は、わたしから野猿を引き剥がして「書けヨ」という。

きまりがわるい。目の前にハエトリグモがいる。

残された文章を読めば、いつでも「植草さん」が立ち現れる

岡崎武志

『ワンダー植草・甚一ランド』（一九七一年　晶文社）

一九九〇年春、文章を書くことで身を立てようと一念発起し、大阪から東京へ出てきた。すでに三十を超え、東京で仕事をするあても身寄りもなかった。ゼロというより、マイナスからの出発であった。現在、単行本、文庫、新書と編著も合わせ、四十冊以上の著作を持つライターとして、筆一本で生活をしている。上京する時、せめて死ぬまでに、自分の名を冠した本を一冊持ちたい。それが悲願だったから、その点では成功したと言えるだろう。一般的には無名でも、出版業界で少しは名も知られるようになった。

本を読むことや文章を書くことは、幼少時に身につけた自分の属性のようなもので、しかし、それで将来食べていけるとは夢見たことも想像したこともなかった。まず学業の成績は低く、スポーツもまるでダメ。森田拳次『丸出だめ夫』（一九六四年連載開始）という劣等生を主人公にした漫画があったが、幼くして「私はこれだな」と観念し、早くも人生にあきらめのようなものを抱いていた。あれもできない、これもできないという「引き算」が、私を静かな「本」の世界へ向かわせたのだった。本を読む、文章を書くという針の穴を通すようなジャストの仕事を天に与えられ、私は本当に幸せだ。

しかし、ライターという職分に就くにあたって、とくに教育を受けたり、教室へ通って指導を受けたりしたことはない。その方面のノウハウについて書かれた本も手に取らなかった。すべて無手勝流で、「ライター」を名乗ったその日から仕事が始まったのだった。正直言って、船舶や溶接、歯科技工など修練を経て得るような特殊な技術は求められない。普通に文章が書ければ、誰だってできる仕事だと、これは卑下するわけではなく本当にそう思っている。

同業者も多くは、鍵のかかっていない裏木戸を開けて侵入するように、この道へ踏み入ったはずだ。ただ、この道で生活ができて、長年生き残れて、本の一冊も出版できるかどうかという点では差ができるだろう。その差がどこから生れるか。これは正直言って、三十年以上のライター生活をもってしてもわからないのが実情だ。

その道に熟知した専門分野を持っていると強いのは確かだ。旅、鉄道、食、スポーツなどは汎用性が高く、需要も多いがライバルもまた多い。何か、あまり他人がやっていないことで得意分野があれば、それだけで原稿の注文が来る。私の場合は「古本」で、しかも古本屋巡りを趣味とし、もっぱら店頭の廉価台を漁るのが得意技である点が珍しく、面白がられた。「古本ライター」などと名乗ったのは、私が最初ではないか。なにごとも「最初」は強いのだ。

日本のタレントによるダイエット本の嚆矢となる弘田三枝子『絶対やせる　ミコのカロリーBOOK』（集団形星）が、ある時気づくと、あらゆる古本屋の棚から払底していた。一九七〇年に刊行され、一五〇万部を超える大ベストセラーとなったが、あまりに大量にあふれ、しかもタレント本ということもあり、古本屋が買い取らなかったからだと思われる。そのため、三十年を経ると稀少本と化していた。私は興奮し、探索と発見までを、力こぶを入れて原稿に書き人前で熱弁した。現在、同著は古本業界で高値がついているが（アマゾンで八〇〇〇円）、震源地は私だったと思っている。私を変えた古本の一冊は、だから『ミコのカロリーBOOK』ということになる。「人のやれないことをやれ」は、あらゆる分野に共通する仕事の要諦だ。

古本および古本屋について書くにあたって、もっとも影響を受けたのは、やはり植草甚一（一九〇八〜七九年）だろう。没後、四十五年も経った今、知っている人には説明不要だが、知らない人に対して、これほど説明が難しい人物もいない。通常の肩書で言えば評論家。しかし、扱うジャンルは映画に始まり、ミステリ、海外文学、四十を過ぎてからジャズを聴き始め、ロックやイラスト、大衆文学の時評まで手掛け、いわゆる「サブカルチャー」における教祖となった。

初期の著作『ぼくは散歩と雑学が好き』のタイトルが示す通り、「散歩」と「雑学」をジャンルにしてしまった人でもあった。古本および古本屋の文章も多く、私などはそのいくつかを繰り返し読んだし、今でも読む。一九七一年に晶文社から出た『ワンダー植草・甚一ランド』は決定的な一冊で、先に挙げた映画、ミステリ、海外文学、ジャズ、ロックなど広範なエッセイを収録し、しかも二段組、三段組と内容によってレイアウトを変え、これも得意とするコラージュ作品をカラーグラビアで中綴じにした。この雑誌のような自在でユニークな出版形態は「バラエティブック」と呼ばれ、晶文社から小林信彦ほかの作家たちでも同様に作られて一時代の画期を成す。じつは私も『雑談王』なるバラエティブックを晶文社から出してもらい、わがライター人生における「華」となった。

しかし、この『ワンダー植草・甚一ランド』は手中になかなか落ちなかった。当時の定価が一八〇〇円。わが古本道場となる、大阪市の千林商店街とその支流となる今市商店街にあった数軒の古本屋のうち、「山口書店」が値段も安く、回転も早いため、いくたびに欲しい本が見つかる良好な漁場だったが、その一角の棚に長く、この『ワンダー植草・甚一ランド』が八〇〇円の値がついて差さっていた。これが欲しくて、欲しくて、店にいくたびに抜き出してため息をつき元へ戻すことを繰り返していた。二十歳なら一九七七年ごろのことだったろうか。当時、公務員初任給が九万一六〇〇円。東京の喫茶店のコーヒーが二八〇円。物価換算で現在、その二倍として八〇〇円は、現在なら一六〇〇円の重みがあった。定価で買うなら現在の三六〇〇円ぐらい。

一九七七年に八〇〇円あれば、山口書店で五〇円以下の文庫が何冊か、ハイライト（一二〇円）を買い、お好み焼きを食べて（二五〇円ぐらい）、商店街内に今もある喫茶店「ＡＢＣ」でコーヒー（一八〇円）が飲めた。貧しい二十歳にとって豪遊であり、それと一冊の本を引き換える度量を持ち合わせていなかったのである。実際に手に入れたのはもっとずっと後。一〇〇〇円ぐらいしたかと思うがその時は買えた。うれしかった。

どこから読んでも、どこで止めてもいい本なのだが、繰り返し飽きずに何度も読んだのが所収の一文「わが道はすべて古本屋に通ず」だ。それはこんなふうに書きだされる。

ぼくは、つぎのような場合に、古本屋を歩きたくなる癖がある。

一　寝不足の日の正午前後。

二　ひとりぼっちで酒を飲みだしたとき。五時半から六時にかけて。

三　三、四日つづいた雨あがりの日。

四　本を買った夢を思い出した瞬間。

五　そして古本を調子よく買っているとき、ますます歩きたくなる。十時ごろまで。

このあと、実地として神保町界隈から横浜まで、古本屋巡りをするのだ。欲しくない場合でも、少し無理して一冊は買う。すると「本自身はよほど有難いとみえ、あたかも犬のように、道先案内をしてくれるのである」など、体験者ならではの教えが散りばめられている。買った本はもちろん記されるが、その道中や、古本買いの気分を何よりも尊重するのが植草の特徴。つまり「散歩」のリズムで書かれた文章と言えるだろう。「ほら、ここですよ」と読者に語り掛けるような口語体は魅力的で、強い伝染力を持つ。危ないのは、植草の文章を読んだ後だと、自分が書く文章もその影響下から抜け出せなくなるのだ。

しかし真似は許されない。とくに雑誌のライター時代は匿名性が求められ、文章に主語「私」をつけることは禁じ手であった。取材したデータと、内容の要点を示し、被取材者の言葉と人となりを伝えるのが最優先で、字数的にも「私」を盛り込む余裕はなかったのである。だから植草甚一の文章をライターとして模範にしたことはない。あくまで、植草甚一という個性的な人物が生きた足跡として楽しんだ。ただ、なるべく低いところから文章を書き始め、何より「気分」を大事にする姿勢は学んだのであった。神保町の古本屋巡りに疲れたら、「三省堂の裏の『ラドリオ』へ行って、ウィスキーを飲みながら、買った本をさすって独りでいい気持になることにしている」なんて、読む方も「いい気持になる」。

『ワンダー植草・甚一ランド』には、著者の文章だけではなく、知人たちによる「植草さんのこと」という寄稿が集められている。これも雑誌ふう。執筆者は和田誠、日野皓正、飯島正、丸谷才一、淀川長治。それに五木寛之・中田耕治によるインタビュー（「雑談」）がある。「ある教祖」と題して丸谷才一はこう書く。

「この人は本と映画に凝ったあげく、一流大学の一流学科を中退して悔いなかった。日本橋の大店をつぶして、それでも悔いなかった。六十にもなるのに、毎週、二度か三度は洋書屋か古本屋を何軒も歩きまわり、そのたびに十冊も二十冊も本を買いこみ、それを喫茶店や酒場で読み（もちろん家に帰ってからも読み）、おもしろい、とか、おもしろくない、とかつぶやいて楽しんでいる。（中略）植草さんは、やりたい放題のことをして一生を棒に振り、今も振りつづけている勇敢な男である」

三十を超えて上京し、一生を棒に振るかもしれなかった私などは、「植草さん」と口にするだけで、少し勇気が湧いてくるのだ。どうぞ一回限りの人生、好きなようにおやりになさいと教えてくれた。ライター稼業が始まった時、すでにこの世になく、ついにご本人には会えず仕舞いであったが、それほど惜しいとは感じない。残された文章を読めば、いつでも「植草さん」が立ち現れてくるからだ。私もどうかして、そんな文章が書けるようになりたい。その意味で、『ワンダー植草・甚一ランド』は、いつでも手に取れる、本棚の一番目立つ場所に今でも置かれてある。

読書の敵、読書のよろこび

島田潤一郎

文学が好き
荒川洋治

荒川洋治『文学が好き』（二〇〇一年 旬報社）

日本大学を卒業したのが一九九九年の春で、引っ越してきたばかりの四畳半のアパートには一〇〇冊ほどの本があった。腰の高さくらいの小さなアンティークの本棚には二〇〇〇円以上で買った本と、三年生のときに癌で亡くなった恩師の本を並べた。それ以外の本は、ふすまを外した天袋の手前のほうに重ねて置いていた。

ぼくの友人たちはよく本を読んだが、多くの同級生たちはあまり本を読まなかった。その代わりにたくさんの雑誌を読み、スポーツ新聞を含めてよく新聞を読んだ。親や先生たちから、新聞ぐらい読んでいないとちゃんとした社会人にはなれない、といわれ続けたからだ。

アパートから駅に向かう一本道の途中には毎日新聞の配達所があり、ぼくもまた、アルバイトの給料が入るとすぐにそこを訪ねて、「明日から配達をお願いします」といった。配達所の土間の向こうにはなぜかドラムセットが置かれていて、ドラムスローンに座り、両手にスティックをもった若い配達員は「お住いはどこですか?」といった。「この通りの奥のほうです。猪方交番のすこし先です」というと、若者は「わかりました。では明日からお届けしますね」

といった。

週末になると新聞の書評欄を熟読し、今週の一冊となるとこれだな、と紹介されているなかからいちばん読んでみたい本を選んで、それを近所の書店へ見にいった。目的の本はないことのほうが多かったが、たまに売り場に並んでいると、町で偶然芸能人に会ったようなうれしい気分になるのだった。ぼくがそのころ町で見かけたのは、吉川ひなのとセイン・カミュのふたりだけだったが、やっぱりきれいだな、とか、顔がめちゃくちゃちっちゃいんだな、などと感じるように、あたらしい本を見て、思ったより厚いんだな、とか、表紙はこんな紙なんだな、などと思いながら何回も触った。

どうしても手にとってみたい本は「書評に載っていたんですが」といって、書店で取り寄せてもらった。ぼくは『琉球弧の精神世界』（安里英子著、御茶の水書房）と、『グラモフォン・フィルム・タイプライター』（フリードリヒ・キットラー著、石光泰夫、石光輝子訳、筑摩書房）が近所の本屋さんに入荷し、カウンターからその二冊を同時に出してもらったときのことを、昨日のことのように覚えている。前者が税抜きで二四〇〇円、後者が五八〇〇円だった。消費税は当時五%だったので、合計で八六一〇円。ぼくは誇らしげに一万円を差し出して、「どうだ」というような気持ちで二冊の本を持ち帰った。働いたお金で本を買っているという感じがすごくした。

小説だけでなく、哲学書も読んだし、経済書も読んだ。宮部みゆきの『理由』（朝日新聞社）や、さくらももこの『さくら日和』（集英社）、『「少年A」この子を生んで……』（「少年A」の父母著、文藝春秋）といった当時の話題書も人並みに読んだ。

ある時期まではふつうの人より少し固めの本を読むぐらいの若者だったが、荒川洋治の『文学が好き』（旬報社、二〇〇一）に出会ってからは、本を選ぶ基準がそれまでとガラリと変わってしまった。

ぼくは大学ではなく、「世田谷市民大学」という小さな教室で作家から授業を受けたことがあるので、ここでは荒川先生と書く。先生がぼくに授業で教えてくださったのは現代詩についてであったが、『文学が好き』ではぼくが知らない文芸作家たちの作品を魅力的な文章で紹介していた。

たとえば、岩野泡鳴の「耽溺」については、「『さようなら』。ぽいと、女を捨ててしまう男。『美しくない文学』の、ことはじめ」と書き、江口渙の「少年時代」については、「無類にあけっぴろげな自伝。あぶない表現だらけ。人に言えないことを書く人」と書く。これらは「一年一作百年百篇――一九〇〇～一九九九」という企画内の原稿で、荒川先生は、明治三三年から平成一一年までの一〇〇年間に発表された文学作品を一年につき一作選んで、それぞれ四〇字以内のコメントで紹介していた。

そのなかには、川端康成の「伊豆の踊子」や小林多喜二の「蟹工船」といったばれもが知る作品も出てきた。けれど、若いぼくの目を引いたのは、中村星湖や、細田民樹、加能作次郎といったこの本で初めてその存在を知る作家の名前であり、作品であって、ぼくは「少年行」とは、「初年兵江木の死」とは、「乳の匂ひ」とはいったいどんな作品なんだろう？　と思いながら寝床につき、その本の「もの」としての存在を空想するのだった。

そしてある日、ふだんよく行く古書店で、江口渙の本に出会った。それは『少年時代』ではなく、講談社文芸文庫の『わが文学半世記』であったが、こんなにもおもしろい本があるのだろうか、とびっくりするくらいにぼくを夢中にさせた。

それからは古書店で『文学が好き』で紹介されている本をさがし、読むようになった。ゴンチャロフの『オブローモフ』（米川正夫訳、岩波文庫）、『尾形亀之助詩集』（現代詩文庫）、ブルース・チャトウィンの『どうして僕はこんなところに』（池央耿、神保睦訳、角川書店）、ナボコフの『セバスチャン・ナイトの真実の生涯』（富士川義之訳、講談社文芸文庫）、マラマッドの『レンブラントの帽子』（小島信夫、浜本武雄、井上謙治訳、集英社）。

こうしてそのタイトルを並べていくと、ぼくがいま運営している夏葉社という出版社の仕事と、『文学が好き』がいかに密接な関係にあるかがわかる。弊社の最初の本は、『レンブラントの帽子』の復刊であったし、二〇一七年に刊行した『美しい街』という尾形亀之助の選詩集は増刷を重ね、『レンブラントの帽子』と並んで、いまも弊社の経営を支えている。

二〇代のぼくは間違いなく、『文学が好き』という一冊の本によって、読書の手ほどきを受けた。どういう本を選び、その本をどのように味わったらいいのか、ひとつひとつの見本を見せてもらったような感じだった。

もちろん、もともとそうした趣味趣向はあったのだ。目立つものよりもそうでないもののほうが好みだったし、奇をてらった文章や、本づくりよりも、そうでないもののほうがずっと好きだった。けれど、それはだれにも打ち明けたことのない、ぼくだけの秘密のようなものだったのであり、『文学が好き』はぼくのそうした「好き嫌い」にたしかな言葉を与え、選書だけでなく、文章にかんしても大きな影響を与えた。

話題性のあるもの、高度な内容をもつものと、小説にもいろいろあるが、内容だけでやっていくと自信過剰になり、文学が「汚れてしまう」こともある。文学は汚れやすい。だからこそ、いつも、かたちを保ち、きれいにしておくこともたいせつなのだ。

初めてこの本を読んで二〇年以上も経つが、いまも先生の言葉を新鮮に感じる。と同時に、先生に釘をさされているような、そんな気持ちにもなる。

ぼくはいま、大丈夫だろうか？

先生に見せても恥ずかしくないような仕事をちゃんとやっているだろうか？

荒川先生の本を読むと、もっと本を読みたいと思う。ぼくの仕事は本をつくり、それを書店に卸すことだが、日々の仕事のなかでいちばんたいせつなのは、いまもむかしも読書だ。いや、年をとるにしたがって、ますます読書のほうがたいせつになってきているように思う。

さまざまな経験を積み、親しいひとの死などをも体験して、人生というのはこういうものだ、あるいは、人間というものはこういうものだ、というような考えが次第に固まっていき、それをだれかに披露するような場面が増えた。ぼくよりも年若いひとは、それを真剣な眼差しで聞いてくれるし、まれに、その言葉をずっとたいせつにしてくれる。そうすると、ますます自分の考えは固くなり、これは考えなどというようなものではなくて、信念なのだと思うようになる。

けれど、それこそが読書のいちばんの敵なのだ。自分を一角の人物のように思い込み、本を読んでいても、自分の経験や世間知のようなものを重んじて、作者のいい分を低く見積もる。そういうひとは遅かれ早かれ、本の世界から遠ざかり、社会からも遠ざかっていくだろう。

そうではなくて、本を読むことで、ひとと出会い、社会のなかに分け入っていくのだ。それが、読書のよろこびなのだ。

『忘れられる過去』（みすず書房、二〇〇三）、『詩とことば』（岩波書店、二〇〇四）、『文芸時評という感想』（四月社、二〇〇五）、『世に出ないことば』（みすず書房、二〇〇五）、『黙読の山』（みすず書房、二〇〇七）、『読むので思う』（幻戯書房、二〇〇八）。『文学が好き』を読んでから会社を立ち上げるまでに、これらの荒川先生の本を読んだ。それは二〇代から三〇代前半のぼくにとって、本を読む姿勢を教えてくれる授業のようなものだったのであり、この経験がひょっとすると、ぼくをいまの仕事に導いたのかもしれないとも思う。

夏葉社を立ち上げた二〇〇九年の冬には『文学の門』（みすず書房）という新刊が出て、それを箱根登山電車のなかで読んだ。

創業のころのことを思い出そうとすると、なぜか、この箱根登山電車の読書を思い出す。ぼくはきっと、先生の本を読みながら、自分がこれから編集者として本をつくるということにたいして、信じられないというような思いを抱いていたのだと思う。

わくわくしないはずがない

浅生ハルミン

赤瀬川原平『超芸術トマソン』(一九八五年 白夜書房)

名古屋に住んで美術系短期大学に通っていた一九歳の頃。この街に好きな本屋さんがいくつもあった。放課後は千種や今池、鶴舞、上前津に繰り出して、古書店と新刊書店のどちらへも入り浸って書棚をくまなく眺めるのが日課ともいえた。その帰りには喫茶店でコーヒーを飲んだ。

いつものように今池のウニタ書店を覗くと、狭い通路に沿って作られた平台には、いちおしの新刊本や他の書店では入手困難な少部数の本がざわざわと置かれていた。その一画に何冊か月刊漫画『ガロ』の最新号が積み上がっている。あっ、ガロが出てる、と、手に取って何気なく開いたページに「美學校」の生徒募集の広告を発見した。これまで本でしか読んだことがなかった憧れの美學校。本当に存在していて、来期の生徒募集までしているのが信じられない気持ちだが、その入口がこんなところにあったなんて、私はすっかり腰を抜かした。

「美學校」は一九六九年に創立した芸術を学ぶ私塾である。かつての講師陣には埴谷雄高、瀧口修造、澁澤龍彥、巖谷國士、唐十郎、土方巽、粟津則雄、鈴木清順、それからもっともっと、錚々たる作家や芸術家たちが名を連ねていた。開講から五六年目の今も、東京都千代田区神田神保町のテナントビルで授業が行われている。入学試験がなくて、年齢、学歴、国籍不問。誰でも通えるところも変わっていない。

美學校と赤瀬川原平という名前を初めて知ったのも、本を通じてのことだ。そのとき、美術家で作家の赤瀬川原平という方がいて、その方は美學校というところで「考現学」の講座の先生をしていて、「街へ出かけて一円玉で買える商品を探し、購入して、店の人に一円、と書き入れてもらった領収書を持ち帰る」という授業があったことを読んだ記憶がある。そんなことが学問になるとは。やってみたら冒険的な快感が得られるにちがいないと想像した。美學校には驚異的に面白い大人がいるんだな。感じ入って、生きていく希望がむくむく湧いた。

募集広告を目撃する何ヶ月か前、私は五月病に罹っていた。学校を休んで、時間がたっぷりあって、空は青くて恐かった。書店へ避難して棚から棚へ。そこで赤瀬川原平さんの新刊本『超芸術トマソン』が売られているのを発見した。雑誌『写真時代』（白夜書房）の連載がついに本になったのだ。カバーには銭湯の煙突のてっぺんに登って、何も摑まるものがない穴の縁に直立する男性の自撮り写真が使われていた。まだ世の中に自撮り棒など誕生していない時代である。カメラを持ったほうの手をぴーんと高く上げて自分の全身を写り込ませ、それだけでなく地上の家並みと煙突の高さの関係がわかるように画角を意識して撮られている。見るとぞわぞわが止まらなくなる殺気立った写真。どうですか、すごいでしょ、という気持ちで『超芸術トマソン』をレジに差し出し、袋は要らないですと伝えて、店から外に出るなり歩いたまま本を読んだ。

ではこれよりイキナリ超芸術にはいります。まず写真❶❷をご覧下さい。世界で最初に発見された超芸術の第一号です。一九七二年のことです。これは四谷本塩町の祥平館に付着していた階段状の物件であります。

こう始まったあとに、階段を写した白黒写真。石材を使った七段ほどの外階段が写っている。旅館の玄関にアプローチするための階段に見えるが昇ったところに出入り口はない。階段が単体ですましている。この本の中で「純粋階段」または「四谷階段」と名付けられているものだ。

世の中には純文学ならぬ純階段というものがあるのです。それはつまり、純粋に昇り降りするだけの階段、昇った先に何もない、本当の階段そのものだけの絶対純粋階段、としか考えられないものです。娯楽性はもちろんないし、用事性も、装飾性もない。この世の中における有用性が何もない、そういう階段を四谷で見つけて、実際に昇り降りしてしまった私は、それがナゾとなって私の頭の中に残りました。

この「純粋階段」から始まって、物件が物件を呼び寄せるように発見が続く。ビルを見上げると高い場所にドア。ドアノブまでついているのに誰も出入りをすることができない「高所ドア」や、建物の出入り口は塞がれていて門扉だけが温存されている「無用門」、その庇バージョンの「庇タイプ」など、面白い呼び名が付けられ、グループに分類され、地球上に初めて芽吹いたトマソン学が構築されていくさまを、読者はこの本でライブのように目撃できるのだから、わくわくしないはずがない。

一つではわからず、二つでもなかなかわからなかったものが、三つ揃うとそこに共通する構造がまったく新しい顔で表れてきて、そこに「超芸術」という、これまで人類の誰一人として意識することのなかったものが、史上はじめて意識のB3からB1そして意識上へと、ゆっくり浮上してきたのでありました。

はっきりと申し上げます。これは、

「超芸術！」

というものであります。芸術とは芸術家が芸術だと思って作るものですが、この超芸術というものは、超芸術家が、超芸術だとも何も知らずに無意識に作るものであります。だから超芸術にはアシスタントはいても作者はいない。ただそこに超芸術を発見する者だけがいるのです。

「人類」という言葉。これは決して大袈裟ではない。街の中の軋みのような「物件」を意識する人間がもしいたとしても、「超芸術」という概念の発見には到達せず、粗大ゴミのように撤去されていたに違いないのだ。だがそれは残されている。私はトマソンが残る街は豊かな街だ、と言いたくなる。

この本は「トマソン観測センター」のメンバー（美學校の考現学工房のＯＢの方たち）や読者投稿の写真とコメント、それに赤瀬川さんが応答する形で構成されている。赤瀬川さんは、物件写真をまるで茶の湯の樂茶碗を愛でるように丹念に観察する。そこから繰り出される考察の言葉がどれだけ素晴らしいか。

「超芸術トマソン」という名称は、一九八一年から二年間、読売ジャイアンツに所属した野球選手のゲーリー・トマソンに起因するものだ。アメリカの大リーグから高額の年俸と契約金で日本に迎えられ四番バッターの座についたが、打席で三振を積みあげることで有名になった。そんな愛すべきトマソン選手を赤瀬川さんは、合理的思考が大きな顔をしている社会に抗う芸術的な存在だととらえた。彼のいつなんどき球団から解任されるかわからない境遇と、撤去されがちなトマソン物件とを重ね合わせもした。

「物件」という言葉は、元来、不動産業界で使われる。それを、なんとも説明の難しい三振的存在にその言葉を照射すると、明確にピントが合って「超芸術」へと生まれ変わる。赤瀬川さんの鋭い言語感覚は、大真面目な地学、物理学、政治経済などの用語と「物件」をコラージュして特有の領域のものに見立て、またあるときは伝統工芸品にも国宝にもル・コルビュジエの建てた教会にも変容させる。赤瀬川さんのあやつる言葉からは、ずっと浴び続けていたいような魅力が放たれている。

短大を卒業したら東京へ行きたい、考現学を習いたいの。私は実家の居間で父に『ガロ』を開いて美學校の募集広告を見せた。「なんや、考現学て」と訝しげな父に、赤瀬川さんと他に吉田謙吉の名前を出すことを試みたが、当然のことながら「知らん」と流された。地元で流行っていた占い喫茶へ飛び込んで、トマソンを学びに東京へ行こうと思っているのですが、今後私はどうなりますか、と訊くと「トマソンって何?」と訊かれたので、無用の長物と言いますか建築物の一部で、純粋階段とか阿部定電柱とかいろいろなタイプがありまして、と待ってましたとばかりに述べた。占い師は「自分のやりたいことを相手に伝えることができないようでは行っても無駄です」と困惑の表情を見せた。ならば、トマソンと言って通じる大人、すなわち短大のM教授に相談に乗ってもらうことにした。両親は、M教授の「子どもというのは、居心地のいい場所に戻ってくるものですよ」という名言によって、実にあっさり首を縦にふった。

M教授は名古屋で街のフィールドワークを実践していて、メモや図解をブルー・ブラックの万年筆でノートの端のほうまで記している人だった（「東京は生き馬の目を抜くところですから」が口癖でもあったのだが）。

両親から承諾を得た後、入学を前提に美學校の募集要項を取り寄せた。届いたA4サイズのパンフレットを読むと、お目当ての「考現学」は本年度をもって閉講となったらしく、来期の募集はしていなかった。どこで告知を見過ごしたのか、盛大な空振りだった。世は儚くてトマソンみたい。落胆している私に父が「ほんなら、美學校の他の科へ行ったらええやないか」と言ったのは予想外の出来事だった。

そんな経緯があって、私は美學校の写真工房へ入学した。千代田区神田神保町のエレベーター無しのビルの階段を、三階目指して昇る。途中の踊り場まで来ると、本で読んだことがあった「消人器」が出迎えてくれた。消火器の「火」の字の点々が外れて「人」という字になってしまったという、私にとっては美學校を象徴する消火器である。いざ開いたドアの先には古びた木製の下駄箱があり、みしみし音の鳴るすのこの上でスリッパに履き替える。廊下の隅の流し台に、いくつかの湯呑み茶碗と半分ほど誰かが飲んだ焼酎の瓶を見つけたときは、ついに来てしまったと胸が高鳴るのを感じた。

箱馬を組んで上に厚い板を載せただけの大机を真ん中に置いた広々した教室と、それを背にして右手奥は、先生と事務の方が詰めている小部屋。陽のよくあたる窓際に、先生がたの使っているスチールロッカーが据え置かれている。その扉のひとつにかすれ気味のサインペンで、「赤瀬川」と書きつけられたネームプレートの紙片が差し込まれたままになっているのを認めた。私は、目の奥にそっとしまった。

代表作を、あえて

大平一枝

向田邦子『思い出トランプ』（一九八〇年 新潮社）

現在は新潮文庫に収録

二冊迷いに迷った。「どうしても一冊でなければだめですか」と問い合わせてしまったほどだ。我ながら、まったく往生際が悪い。

開高健が識者にインタビューをしてまとめるノンフィクション『人とこの世界』と、向田邦子の『思い出トランプ』。後者があまりに有名すぎるために、ためらいがつのった。前者は開高健の中でもそれほど知られていないように思う。じつは隠れたこんな名作もありましてと、少々得意気に紹介したくもあった。

しかし、締め切り数日前の今、踏ん切りがついた。向田邦子でいく。直木賞を取り、今まで数々の識者が素晴らしい批評を残し、賛美を贈った代表作をあえて。

なぜなら、ある理由で今、私は週に一、二度は必ず向田邦子のことを考えるからだ。

じつは、そんな反射がおこるようになったのは、ほんの一年前からである。恥ずかしながら、彼女の作品をきちんと集中して全作読んだのは最近なんである。きっかけは、半ば呆れ顔の編集者のこんなひと言だった。

「大平さんが向田邦子を読んでいないなんて信じられない。何をモタモタしてるんですか、新作の小説読んでる場合じゃないですよ。早く全部読み終えてください。それから小説の話をしましょう」

二〇年ぶりに会った編集者と、読書談義をしているときに言われた。けして〝大平さんともあろう人が〟、というニュアンスではない。そんな偉くもなんともない。

私は、市井の人の台所から人生を描くルポルタージュを一一年連載しているのだが、〝台所取材をライフワークのようにしている人が、暮らしや食についての傑作も多い向田邦子を読んでいないなんて〟という、苦言めいたトーンだった。

帰宅後、慌てて本棚をあさるとほぼ全作持っていた。二〇代からポツポツと気まぐれに買ってはいた。向田邦子は持っておいたほうがいいだろうという、シャネルのバッグのような購入動機で。おしゃれで、持っていると格好がついて、安心するクラシックアイテム。先人に謝りたくなるほど、愚直な思考である。その都度すごいなあという、さらっとした感想を抱いた程度で終わっていた。

苦言の夜、ベッドで読み始めた。まずは『思い出トランプ』ひとつめの「かわうそ」から。

書き出しで、脳がぐらんと揺れた。

〈指先から煙草が落ちたのは、月曜の夕方だった。〉

誰の煙草か。月曜と特記する意味は。灰ではなく、煙草そのものが落ちるとはどんな状況だろう。きっと落としたのは、少しくたびれかけた初老の男性ではないか。既刊の作風から推し量る。たった一行で、様々な疑問と情景が浮かんだ。軽い気持ちでひもといたのに、書き出しで一気に熱心な読み手に変貌させられていた。ぐぐーっと向田邦子の胸元に引き寄せられたような気持ちだった。

前述の書き出しは脳卒中の前ぶれを表し、表題は殺した魚を並べて楽しむ習性のある、かわうそという動物を登場人物にかけている。

わずか一六ページの短編は、しかし一本の映画のような展開と深みがあり、過去と現在が交錯しながら思わぬ方向に進む。奇をてらわず、かわうそのような女も、煙草を落とした男もどこにもいそうだ。そう膝を打ちたくなるのは、それだけ人間の機微が繊細にリアリティを持って描かれているせいだろう。

誰も死んだり、派手で特異なキャラクターは出てきたりはしないのに、最後の一行まで読者を引きつけて離さない。読後の余韻も独特で、しばらく放心した。

漱石でも太宰でもない昭和後期に、これほど短くて深い小説を書ける作家がいたろうか。私にとって、四〇余年経てなお新鮮に感動できる、何度も読みたくなる直木賞作は、他にない。

彼女の直木賞は異例で、初の小説「花の名前」「犬小屋」「かわうそ」はいずれも書籍化される前の、商業雑誌への連載中に受賞に至った。『思い出トランプ』という短編連作で、のちに同書に収められた作品はどれも傑作ゆえ、私などとても順位をつけられない。選考が連載終了後だったら、全作が受賞の対象になったのではと思うほどだ。

それにしても、若い時分に読んでいるはずが、なにも心を動かされなかったのはなぜだろう。私はこの本のなにを読んでいたんだろう。自分にじりじりしながら、あのとき受け取りそこねたきらめく光の粒を手ですくい取り、ためつすがめつを繰り返している。あわよくば光のひとかけらでも、私の肉体に乗り移ってはくれまいかと願いながら。

周知のように小説家デビューからわずか一年足らずで、向田邦子は飛行機事故により早逝した。だからなおのこと、惜しむように一ページ一ページを大切に読んだ。

どれも隙がない。無駄な言葉や既視感のある表現はいっさいない。何気ない日常の描写や生活の道具が、後に伏線だったと気づかされる。

明るくおきゃんな女の作為。あるいは、小松菜とほうれん草の違い、猫の種類もわからない無粋な男だと思っていた夫に愛人がいたことを知った妻の屈辱感。誰かが書いていそうで、誰ひとり書いてこなかった心情の光と影を鮮やかに切り取る。

とくに、感情を行動のみで表現する巧みさは秀逸だ。悲しい、嬉しい、泣いた笑った好きだなどと直截的な言い方はしない。りんごの皮や蒸れた酸っぱい匂いで心模様を伝える。

また、生き方が不器用な人物に読者がつい寄り添いたくなる描写にもしびれる。

「だらだら坂」という作品がある。妻子持ちの男が、目が〈あかぎれのように〉細い、田舎出身の大柄な若い愛人のためにアパートを借りてやっている。男は、彼女の気取らない素朴なつつましさを好ましく思っている。

彼女は、〈余分な電気をつけておくのを勿体ながり、夕方は、かなり手許が暗くなるまでスイッチをひねらな〉い。男のために甘いと言われて買っておいたスイカが水っぽかったとわかるやいなや、彼から食べかけも取り上げ、八百屋まで交渉に行き、取り替えてくる。その描写だけで、自然にこちらは女の味方になってしまう。この子が幸せになるといいのだがと、ずるい男の行動を固唾をのんで見守る。

「ずるい男」とも「素朴で気のいい女」とも説明していない。だがそれらがありありと、まるでテレビドラマか映画を見ているように目に浮かぶのだ。脚本家だから、という分析に私は同意しない。これが向田文学の味わいであり、不世出の芸なのだと思う。

読み終えると、数日前に読んだ別の文庫をまた一ページから。天才が残した遺産の少なさに、何を読んでも左手に残るページ数が薄くなるに連れ、せつなさがつのって困った。夏目漱石の『坊っちゃん』や長田弘の随筆集を読むときも、似たような心持ちにはなるが、向田作品は「もっともっと読みたかった。書いてほしかった」という、ぶつけ先のない悔しさと怒りのような感情が湧き上がるところだけが違った。いくらなんでも旅立ちが早すぎる、もっとたくさん書いてほしかったですと、小説の神様がいる天を仰ぎたくなる。

ところで先述の通り、人さまの台所を訪ね歩く連載を三〇〇回余続けている私は、執筆の際、つい相手のこれまでを簡単に説明したくなる。状況や人柄や気持ちを、わかりやすい言葉でまとめて、書いたような気になってしまう。

しかし、連載が何回目だろうが、初めて読む人にとってはひとつめの作品である。限られた文字数で、味わい深く、既視感のない表現を使わなければ、時間やお金と引き換えに読んでくださった相手に失礼だ。そんなものは、すぐに飽きられて、残らない。
『思い出トランプ』は私に、もっと努力せよ、あなたの表現力はその程度かとけしかけてくる。一行一行、練りこんでこれしかないというオリジナルの言葉で構築したか。どこかで見た、借りてきた言葉を使っていないか。本当に空は青いのか、その人は明るいのか。哀しみのなかにわずかな希望もなかったか。予定調和で終わらせていないか、手を抜いていないかと、小説の神様が次々厳しく問いただしてくるのだ。

小説とノンフィクション。フィールドも才のレベルも全く違うが、長く残る作品を紡ぐという矜持において、私は向田作品から学ぶことがとてつもなく大きい。

文筆を生業（なりわい）にして二九年になる。月曜から金曜までみっちり、これしかしてこなかった。経験と慣れから「このくらいでいいよな」と、どこかで安易なゴールを設定するような甘えが一度もなかったとは言えない。

『本に出会ってしまった。私の世界を変えたこの一冊』というお題をもらったとき、若い頃から愛読している開高健と迷ったが、書く仕事を長く続けてきた今だから理解できた、途方もない創造性と芸を内包し、冷静な複眼で人間の奥底を見つめてきた向田文学こそ、私にとってのそれであると気付いた。なかでも、大人になって初めて書き写したいと思った小説集『思い出トランプ』が、かなっていると。

どこを読んでも面白いのです

森岡督行

夏目漱石「草枕」（初出「新小説」一九〇六年九月号）

現在は新潮文庫ほかに収録

これまで読んだ本を振り返ってみたところ、もしかしたら、「私の世界を変えるかもしれないこの一冊」というテーマなら、書けるかもしれないというビジョンが芽生えました。

とは言っても、私は一九七四年生まれ。二〇二四年で五〇歳になります。五〇歳といえば、十分、年長者であり、指導的な立場に立つ人がたくさんいるのは確かなことです。明治時代に至っては、今よりずっと寿命が短かったようで、例えば、夏目漱石も四九歳くらいで鬼籍に入るなど、およそ五〇歳あたりが平均でした。だから、「私の世界を変えるかもしれない一冊」というような、いわば、全身を稲妻が貫くような出来事がこれから我が身に起こるとしたら、いったいそれは何と、疑問に思われるのは当然です。

ただ、先日、ライトパブリシティの社長で、『ピッカピカの一年生』や『セブンイレブンいい気分』など、CMの業界で多くの実績をのこしてきた杉山恒太郎さんと会食をしているとき、次のような会話をしました。

「いまいくつ」

「五〇歳になります」

「五〇か。まだこれからだね」

「そうなんですか！」

「たまごの殻にひびが入ったくらいだな」

杉山さんから見れば、私はまだ「たまご」のなかにいて、「ひよこ」にもなってないというのです。最初は、「私も書店の仕事をはじめてもう二六年。いくらなんでもそんなことないだろう」と思いましたが、後日、「他でもない杉山さんがそう言っているのであれば、何か理由があるに違いない。杉山さんの言葉を信じてみよう」と気持ちを切り替えました。


そう傾いたのには、もう一つ、訳があります。私は「一冊の本を売る書店」をテーマに、その本から派生するような展覧会やイベントを行いながら本を販売しているのですが、二〇一五年にオープンしてみると、このような形態の書店がなかったこともあり、世界中からお客様が来てくださることになりました。本を買うというよりは、新しいコンセプトが実現した現場を観光地として訪ねるお客様もいらっしゃいました。オンラインの販売ではなく、リアルな体験を重視した小売業が、むしろ時代にそくしていると脚光を浴びたのです。

しかし、コロナ禍に突入すると、このような形態の書店は、最も影響を受けることになりました。店の場所は「銀座」なので、いつも繁栄していた通りに誰一人いなくなった様子を見ては、撤退の二文字が脳裏をよぎりました。通常の商売が成り立つはずがありません。政府の持続化給付金や、東京都の家賃補助など、ありとあらゆるお金をいただき、政策金融公庫のコロナ特別融資では、借りられるだけの金額のお金を借りました。このような対策のおかげで存続することができたのです。融資に関しては、ある方から、「みんな返せるはずがない。いずれ徳政令のようなものが出て、チャラになる」とアドバイスをいただき、私も、そうなるかもと期待しましたが、そんな甘いことはまったく起きず、返済はしっかり始まりました。

コロナ禍があけると、ひとつの企画が私のもとに舞い込んできました。ニューヨークはチェルシーにあるギャラリーで、森岡書店を期間限定で開催してみてはどうかというのです。実は私にとってニューヨークは憧れの街です。はじめてニューヨークに行った際には驚きました。地元の山形から東京に出てきた時、高層ビルがたくさんあってすごい都会だなと思ったものですが、その時の気持ちと同じような感動、いや、それ以上の何かがニューヨークにはあったのです。どの通りにも重みが感じられ、「ニューヨークは歩いているだけで楽しい」と事前に聞いていたのですが、本当にその通りでした。一日でも長く滞在したいと願うだけでなく、一歩踏み込んで、いつかここで書店の仕事がしたいと夢想したりもしました。

短期間ではありますが、いま、それが実現しつつある。ではいったい何の本を販売すればよいのか。ニューヨークで売るなら……とよくよく考えて思いついたのが、「私の世界を変えるかもしれないこの一冊」であり、つまりは、夏目漱石『草枕』なのです。

『草枕』にした理由は、この小説のなかで漱石が示した世界観に共鳴しているということにつきます。『草枕』は、漱石が、熊本の第五高等学校の教員として赴任したときの体験がベースになっています。出だしの数ページを読むだけでも良いし、適当に開いて、数ページの出来事を考えてみるのも良いです。以前は難しいと思った文章が、時を経て読めるようになったりします。

例えば、温泉宿に逗留する那美という女性のもとに、離縁した元亭主が現れます。主人公の画工はその現場を目撃。那美は短刀を懐に入れて出向きます。何かあったとき、刺し違える覚悟でしょう。しかし、元亭主は、あろうことか、無心をします。無心とは、お金をくださいと言うこと。元亭主は激戦の満州に徴兵される運命。生きる運命にあるものが短刀を持ち、死ぬ運命にあるものがお金を無心する。実は短刀に見えたのは財布なのですが、懐の奥には、本物の短刀が入っていてもおかしくないという描きよう。漱石は、このような現世だからこそ、より住みよくする必要を述べ、そこに、芸術が存在する理由を述べるのです。だから『草枕』は、芸術を担当する人に、より切実な話として読んでもらえるのではないでしょうか。

そして、漱石にとっての芸術とは、絵画や音楽などだけでないことも暗示されます。例えば、主人公の画工と那美が「小説」について以下のような対話をするシーンがあります。

「しかし若いうちは随分御読みなすったろう」（中略）
「今でも若いつもりですよ。可哀想に」（中略）
「そんな事が男の前でいえれば、もう年寄のうちですよ」（中略）
「そういうあなたも随分の御年じゃあ、ありませんか。そんなに年をとっても、やっぱり、惚れたの、腫れたの、にきびが出来たのってえ事が面白いんですか」
「ええ、面白いんです、死ぬまで面白いんです」
「おやそう。それだから画工なんぞになれるんですね」
「全くです。画工だから、小説なんか初からしまいまで読む必要はないんです。けれども、どこを読んでも面白いのです。あなたと話をするのも面白い。ここへ逗留しているうちは毎日話をしたい位です。何ならあなたに惚れ込んでもいい。そうなるとなお面白い。しかしいくら惚れてもあなたと夫婦になる必要はないんです。惚れて夫婦になる必要があるうちは、小説を初からしまいまで読む必要があるんです」

私の思い込みかもしれませんが、このように淡々と言葉を交わす会話も、実は、漱石は、芸術のひとつだと考えていたのではないでしょうか。『草枕』のなかでそのような説明は一文も出てきません。しかし、この後にも、前にも、画工と那美が、抱き合ったりする場面がないことを考えると、この会話には、イメージを広げるという意味での余白が見てとれるのです。

さて、来たるべき森岡書店ニューヨーク店でも、『草枕』から派生する展示を行いながら『草枕』を販売することになります。では具体的に何を展示するのか。そう考えて思い浮かんだのが以下の三つでした。

一つは、『草枕』から「香水」をつくってみようと思います。考えてみれば、私は、失敗したり、落ち込んだとき、ずいぶん香りに癒されてきました。コロナ禍で将来が見通せなくなったとき、借金の返済がどんどん始まったとき、香りは、もしかしたら、単なる気晴らしにすぎないのかもしれませんが、確かに、気を晴らしてくれました。気が晴れるというのは大事だと思います。楽観的なマインドになり、そこから何か良いアイデアが浮かんできそうになります。香りと記憶は結びつく傾向があると聞きます。パッケージをどうデザインするかも含めて、ぜひこの機会に実現したいです。

もう一つは、『草枕』の世界観が感じられるような写真を展示してみようと思います。その写真は、熊本に出向いて、漱石がおよそ一二〇年前に見ただろう山川草木がいいかもしれません。『草枕』の英語版タイトルは『The Three-Cornered World』というから、額装をどうするのかも含めて、三つの写真で空間を構成したいです。

さらにもう一つは、『草枕』を販売する際にかける音楽を、あらたにオリジナルで制作してみたいです。有名な話ではありますが、ピアニストのグレン・グールドが他界したとき、部屋には、『草枕』が一冊のこされていたと言います。また、坂本龍一さんには、「hibari」という、雲雀が飛んだり鳴いたりする『草枕』のワンシーンから想を得た音楽があります。グールドも坂本さんも『草枕』の世界観に触れていたのです。この事実をふまえて、オリジナルの楽曲では、中世のピアノであるクラヴィコードを用いたいです。いずれにしても、空間の中心には英訳の『草枕』を積みます。

こうして考えてみると、森岡書店ニューヨーク店は嗅覚と視覚、聴覚で『草枕』の世界観の一端をあらわすことになります。このような『草枕』の販売方法が好評を得られたなら、もしかしたら、ニューヨークで何度か開催できるかもしれません。また、世界の他の都市からもお声がかかるかもしれません。もし本当にそうなったら、そのときこそ、『草枕』が、名実ともに「私の世界を変えたこの一冊」と言えます。そんな日が来るのを願って、また『草枕』を開こうと思います。

〝何も起こらない小説〟ではなく

スズキナオ

保坂和志『プレーンソング』（一九九〇年 講談社）

現在は中公文庫に収録

高校の頃、受験勉強をできるだけサボりたかった私は、入試の科目数が少なく、そのかわりに小論文が重視される大学を受験することにした。学校で小論文の書き方講座のような授業があった時、気難しくて近寄りがたいと生徒のみんなに言われていた教師に私の文章が褒められた。「小論文で受験したいならもう少し練習した方がいい」と、その教師は、それからも放課後にマンツーマンで私の文章を添削してくれた。その甲斐もあってか、無事、試験に合格し、私は〝文芸学科〟という専門科のある大学に入学した。

入学したものの、積極的に文章を書くこともなく、大学でできた友人と遊んでいるだけだった。自分がまったく知らない音楽のこと、映画のこと、本のこと、友人たちはみな、自分とだいたい同じ年数しか生きていないのが信じられないほどに色々知っていて、「そんなことも知らないのか?」とからかいつつも、たくさんのことを教えてくれた。

あっという間に数年が経ち、このまま文章を書くことにまったく向き合わずに学校にいるのは気が引けると思って「あそこは毎月のように小説を書いて合評しあうらしい」と、友人たちが敬遠していた創作ゼミに思い切って入ってみることにした。ゼミの講師は小説家で、小説が芥川賞候補にもなったことのあるF先生だった。

そのF先生がある時、「何年か前に芥川賞をとった保坂和志という作家の小説は妙だった。何か起こりそうなのに何も起こらないんだ」と言った。「なんだかわからん小説で……」と首をかしげるようにしていたF先生の姿が今、思い浮かぶ。しかし、ゼミのメンバーはみんな「えー！　面白そう！」と、その作家に興味を持っていた。

それからすぐ、大学の学食で暇を潰していた昼、いつも私に色々教えてくれる友人の一人が「保坂和志って読んだか？　すごいぞ。思ったことがそのまま、ずーっと書いてある」と言ってきて、いよいよ気になってきたので、その時にはすでに文庫になっていた芥川賞受賞作の『この人の閾』と、デビュー作の『プレーンソング』を帰りに本屋で探して買った。

そしてたしか、『プレーンソング』の方から読み始めた。読み始めてすぐ、その文章に強烈な違和感を感じたのをおぼえていて、一回、読むのをやめたと思う。一つの文章がぐねぐねと長く続いて終わらず「、」がいくつも入って「。」がなかなか来ない。それこそ、高校の時の小論文の練習では「一つの文章をできるだけ簡潔に短くすること」というようなことを教わっていたから、それまでの自分が思っていたお手本的な文章とは全然違っていて、抵抗を感じたのかもしれない。

それでもそこでやめずに結局最後まで読んだのは、この小説の舞台が東京・練馬区の中村橋で、当時、自分が付き合っていた彼女が中村橋に住んでいたからだ。と言うとそれはさすがに言い過ぎで、少し読み進めていくうちに文体への違和感は消え、小説の中で繰り返される主人公とその友人たち、道端の猫との幸福な時間に心地よさを感じるようになったからでもあった。

とはいえ、『プレーンソング』が、

一緒に住もうと思っていた女の子がいたから、仕事でふらりと出掛けていった西武池袋線の中村橋という駅の前にあった不動産屋で見つけた2LDKの部屋を借りることにしたのだけれど、引っ越しをするより先にふられてしまったので、その部屋に一人で住むことになった。

という書き出しで始まる小説であったことは、私に何か特別なものを感じさせた。

主人公が住んでいる2LDKの部屋はアパートの1階にあって、おそらく駅から少し歩いた、住宅街がたくさん並んでいる閑静なエリアにあるのではないかと思うのだが、彼女の部屋もそんなところにあって、1階のベランダ部分に猫こそ現れなかったものの、この小説を読んでいると、いつもその部屋で過ごした時間や、周辺の路地裏を散歩して見た風景を一緒に思い出す。先に一旦その後の話をすると、『プレーンソング』が大好きになった私は『この人の閾』も読み（この文庫に収められた「東京画」という短編は保坂和志の作品の中でも特に大好きなものの一つだ）、『プレーンソング』の続編である『草の上の朝食』や、『季節の記憶』『残響』と、他の小説も追いかけて読んで、『生きる歓び』あたりからはリアルタイムで、単行本が出たらすぐ買うようになり、その頃から二〇年ほどが経った今も保坂和志の本が出たら絶対に買うし、今どんなことを考えているかが気になるから、トークイベントがあれば、行けるものはできるだけ行くようにしている。

デビュー作である『プレーンソング』の後にも好きな作品はたくさんあるのだが、最初に出会った作品だからか、やはりこの小説だけは自分の中で別枠にある感じで、何度も読み返してきたし、中公文庫版の表紙の、青い空とそこに浮かぶ雲が、その後の自分の心の中にいつもある気がしている。

少し前に引用した通り、2LDKの部屋に、思いがけない形で一人で暮らすようになった主人公は、〝ふられたことの後遺症のようなもの〟の影響もあって、それ以前のようにあまり飲み歩いたりせず、部屋で多くの時間を過ごすようになる。ある日、部屋の外に茶トラの子猫が現れ、数日後にまた現れ、と、そんなことが続くうち、主人公はその猫のことが気になり出す。猫の出現とともに、スペースに余裕のある主人公の部屋に、ノリがよくて軽率なところが大いにある「アキラ」や、映画を撮りたくて北海道から上京してきたものの無気力ゆえに結局映画は撮らずにいる「島田」や、「アキラ」の交際相手で猫好きの「よう子」が現れ、それぞれ気ままに部屋に泊っていったり、また出ていったりする。多少は面倒くさそうにしつつも、主人公はその来訪者たちを受け入れ、謎のメンツでの共同生活は、気楽なムードで続いていく。

特によう子の登場は大きくて、主人公が茶トラの子猫に会うたびにカツオ節をあげたり、その子猫に食べさせるつもりで部屋の外にキャットフードを置いているのを知ると、主人公と一緒に（というかそれ以上に率先して）近所を歩き、茶トラの姿を探すようになる。そうなるとそれはほとんど日課になり、主人公の生活や、街を見る目線を変化させていくことになる。

そこに加え、もう一つ主人公にとって大事なのが競馬だ。四歳年上で、主人公の学生時代からの友人である石上さんとはある時期から一緒に足繁く競馬場に通うようになり、一日かけて十二レースにじっくり取り組む。大きく得することも、大きく損することもない手堅い賭け方をする石上さんと、それとは別に、主人公と同じ会社に勤めていて、やはり競馬が好きというか、競馬の勝敗はすべて仕組まれていると考え、ヒントさえ読み解けば絶対に勝てると思っている三谷さんという人もいる。主人公はその二人とたまに競馬場や喫茶店で会って話をする。そこでの、主に競馬をめぐる会話や、主人公の大学時代の同級生で、三年ぶりに急に電話をかける相手である「ゆみ子」との会話。すべてが主人公にとってはどれも等しく大事で、一人一人の相手について、自分に向けて発された言葉について、主人公はずっと考え続けている。

主人公の仕事内容については明確に書かれてはいないが、かなり自由の利く仕事であることは間違いないようだ。

ぼくは会社を早目に出て五時半ぐらいに中村橋の駅に着いた。別にその日が特別早かったのではなくて、ぼくは夏が好きだから働く気も起きないで気持ちに素直にしていると結局早く帰ることになる。

と書いているほどだ。

「人間、○○歳になったらこうでなきゃいけない」みたいな、社会の基調とされているような堅苦しさとは無縁に見える人々と猫が織りなす群像劇……この小説を説明するならそういうことになるかもしれない。そう書くと、ゆるくてのんびりした穏やかな話、みたいに伝わってしまいそうだが、『プレーンソング』を読み返すたびに思うのは、これは〝何も起こらない小説〟では全然ない、ということだ。むしろ激しい。

　主人公も、その周りに現れる人々もみんな真剣に何かを考えていて、哲学を持っている。適当に見える行動にも、その人それぞれの〝世界に対する態度〟が強く反映されているように見える。主人公は、自分の周りにいる人たちのそれぞれの哲学を見て、尊敬している。その畏敬の眼差しは街の猫たちへも同じように向けられている。誰が誰よりどうだから偉いとかではなく、気ままに生きているように見える人の真剣さに対して、ひたすら感動している主人公の思考は、むしろ他の小説にはないほどに絶え間なく動き続けている。

小説の終盤、アキラが「ゴンタ」という友人を連れてくる。ゴンタは8ミリビデオで映画を撮っているのだが、一見すると適当にカメラを回しているだけで、いわゆる映画らしい映画を撮ろうとはしていないようである。そのゴンタが、

「あの――。ぼくは物語っていうのが覚えられないんですよ。粗筋とか――。

と、自分が撮りたいものについて語り出すくだりは、保坂和志の小説についての宣言のように響く。ゴンタは、〝映画見たり、小説読んだりしてても、違うことばっかり考えてるんです。〟という。話の筋にも興味はないし、殺人事件をテーマにするような映画に対しても〝そういう風にしようなんて、全然思わないし。〟と。

そんなんじゃなくて、本当に自分のいるところをそのまま撮ってね。

生きてるっていうのも大げさだから、『いる』っていうのがわかってくれればいいって。

ゴンタが８ミリビデオで撮った映像を見せてもらっているかのように、この小説を読んだらたしかにここに描かれた人物や猫が『いる』。そして小説の終わりに、ゴンタが運転する車にみんなが乗って向かう海での長く続く至福の時間が、この小説を初めて読んだ時からずっと私の心の中にある。

自分のままで生きていくために

今井真実

『簡単に作れて健康に良い　片岡護のイタリア家庭料理　完全図解』（一九九四年 曜曜社出版）

仕方がないなあと思いながら、学校に連絡を入れます。といっても、最近はアプリから「都合欠」を選んで、送信すればいいだけ。明け方、私のベッドに入ってきて「今日は学校に行きたくない」と浮かない顔をしていた子どもは、ほっとした顔をしました。その瞳に、かつての自分の姿を重ねてしまいます。

子どもの頃の私もそうでした。他の友だちは平気な顔をしていたし、みんな笑っていたし、みんな気にも留めていなかったようだし。そんな些細な違和感の正体を大人に説明することもできずに、週に一日か二日、そっと学校を休んでいました。それも目立たない程度に。

そんな私を、幸か不幸か、忙しい両親は放っておいてくれました。朝、家族が学校や仕事でいなくなると、のそのそとベッドから起き上がります。することもなく、ＶＨＳで映画を観ていました。『ショート・サーキット』と『グレムリン』と『ケニー』を順繰りに。もう飽きてはいるのだけど、自動的に時間は経っていきます。お昼になると、母が用意してくれていたごはんを食べます。しかし、しばらくすると私は自分でお昼ごはんを作りたいと母に申し出ました。忙しい母にわざわざ準備してもらうより、食べたいものを自分で作るほうが気楽に思えたからです。もともと、子どもの割に料理は大好きでしたし、食材も豊富に買い置きをしている家だったので、一人分のごはんを作ることなんてわけないことでした。

学校を休み、家で一人でいるということはやはり退屈なのです。そんな私にとって、お昼ごはんに自分の好きなものを作るという時間割は唯一しなくてはいけない、それでいて楽しみな作業だったのです。

母は料理好きで、本棚にはずらりとレシピブックが並んでいました。昭和の時代には全集のようなものもあり、ちょうど子どものための図鑑のように箱カバーがついた、一冊一冊大きく立派なものでした。自分のお昼ごはんを作れるようになってから、私は学校を休むと母のレシピブックを読むようになりました。とはいえここに載っているレシピは、家族向けで豪華なものばかり。さっと作る一人分のお昼ごはんにそぐわない分量と工程です。

生クリームをたっぷり使ったテリーヌ、バターをふんだんに使ったパイで覆いオーブンで仕上げたチキンシチュウ。サフランをつかった魚介の煮込み。食べたことがなくたって、その艶々の写真からは香りも温度も伝わってきます。そうして、頭の中で咀嚼したのちに、今日の私の気まぐれランチが決定するのです。無論、そのレシピブックを見てそのままを作ることはできません。ただ眺めるだけ。ああ、バターを使った焼き飯でも作ろうか。せいぜいそう思うだけ。しかし、そのレシピからバターのミルクの香りを感じることこそが重要だったのです。

そんなレシピブックとの付き合い方を変えた一冊が『簡単に作れて健康に良い　片岡護のイタリア家庭料理　完全図解』です。この本は、母が私のために買ってくれた初めてのレシピブックでした。

片岡護さんは言わずと知れた、西麻布「アルポルト」のスターシェフ。料理界の巨匠で、日本にイタリア料理を定着させた第一人者として知られた方です。しかし神戸に住んでいた子どもの私にとって、西麻布がどんな場所か、アルポルトがどんなレストランかも、知る由もありませんでした。

ただ、いかめしく重たいハードカバーのレシピブックを読んでいた私にとって、この本のキュートで手に取りやすい装丁は、親しみやすく、優しい料理の先生がそばにいてくれるような気持ちになりました。表紙はイラストで、コック帽をかぶったメガネのおじさん（片岡さん）

がフライパンを持って微笑み、その横には同じようにコック帽をかぶったうさぎがレモンの上に立っています。まわりには様々な形のショートパスタ、カラフルなイタリア野菜が描かれていて、とにかくイタリア料理って楽しそう!と思わせるデザインです。まるで子ども向けのお料理絵本のような佇まいに心がときめきます。

しかし、ひとたび扉を開けると表紙を裏切る情報量の多さに圧倒されます。「序にかえて」の項では、まずはイタリア料理の要である「オリーブオイル」の説明から。イタリア料理においてのオリーブオイルは、日本人にとってのしょうゆやみそに近く、なくてはならない存在だと記されています。この本が出版されたのは一九九四年。まだこの頃は、今のようにオリーブオイルが一家に一本常備されている時代ではなかったかもしれません。味だけでなく、健康の面からもオリーブオイルの効用が事細かに書かれており、イタリア料理における存在の重要性が伝わってきます。

この章にはこんな言葉もあります。「どうしてこんなにおいしいんだろうと思う時が、あなたが一番健康な時です」と。イタリア料理がどんなものか市井の人々がまだ分からなかった時代、バターやクリームでもない西洋料理の基本的調味料を日本に浸透させるために、片岡シェフは「健康」というキーワードを使いました。イタリアの食生活では赤身の肉を使い、常に魚介類を食べ、野菜や果物を豊富にとります。レストランで食べる特別な食事だけではなく、日本で更にイタリア料理を定着させるには、一般家庭で〝健康的な〟イタリア料理を作ってもらい、いかに普段の食事に取り入れてもらうかということが鍵だという考えがあったかもしれません。

さて、なぜ母がこの本を私に買ってくれたのか。それには理由があります。私は小さな頃からスパゲッティが大好き。家族での外食もイタリア料理のお店に行くことが多かったのです。よく行くレストランでは様々な料理をいただきました。天使のエビを使ったカッペリーニは、最近よく見るメニューのような冷製ではなく、パセリと生クリームがたっぷりで香りが抜群。牛テールの煮込みにはサフランのリゾットが添えてあり、骨の髄をすくってリゾットと一緒に食べるのが実に美味しかった。今でもその匂い、温度、味、舌触りまではっきり思い出せます。この経験が私の料理人生に多大なる影響を及ぼしたことは間違いありません。

あの美味しい料理を家でも食べてみたい、永遠に食べ終わらぬほどにたっぷり作ってほしい、と私は母にねだるようになりました。母は料理が得意ではありましたが、まさかレストランの味を再現してほしいだなんて無理難題を言われても困ったことだったでしょう。そのときに私に買い与えてくれたのがこの本です。「食べたかったら、自分で作りなさい」きっとそんなメッセージもあったかもしれません。

目次を見るだけで「夢も希望もないスパゲッティ」「おこりんぼうのペンネ」など、楽しいメニュー名が並びます。イタリア料理の陽気な空気感が伝わり、どんなお料理だろうと胸を躍らせます。

さっそく私はこの本を読み進め、あるページで衝撃を受けました。そこには私がずっとほしかった情報があったのです。それは大好きな「カルボナーラ」の作り方！

私はカルボナーラが大好物で、レストランに行くと必ず頼んでいたほど。それが本書ではこう紹介されています。「ベーコンと卵のスパゲティ（スパゲティ・ア・ラ・カルボナーラ）」なんですって！　あのカルボナーラには卵が入っていたなんて！　それまで、カルボナーラは生クリームでできているのだろうか?と考えていました。しかしもっと濃厚で風味も違うのです。本書のレシピでは生クリームも入るので、あながち間違いというわけではないのですが、まさか卵が入っていたなんて思いもしませんでした。だって、卵のあんな状態を、ほかの料理では見たことがありません。ゆで卵、オムレツ、目玉焼き。当時の私の知識なんてせいぜいその程度。ふわふわのスクランブルエッグはわかるけれど、卵があんなにクリーミーでねっとりとしたソースになる、その事実に、料理っておもしろい！と目の前がぱっと開いていく気持ちになりました。

本書のレシピページは完全図解と謳（うた）っているだけあり、綿密に工程が記されています。すべての材料はイラストで描いてあり、直感的にわかります。なんと火加減や素材の切り方、材料を鍋に入れるタイミングまでもが図解で表現されているのです。「あとがき」にありますが、本書は「絵だけで表現する料理本」をコンセプトとして作られたそうです。

片岡さんによると、時間も手間もこれまでの本の二倍かかったそうです。一枚も掲載されないのに二〇〇〇枚もの写真が撮影され、図解の素材を作ったのだとか。想像するに骨が折れる作業であったことは間違いありません。

レシピは詳しくわかりやすく書こうとすればするほど、文字数が多くなり難解に見えてしまいます。だから今、喜ばれるレシピというものは、簡潔な工程のもの。しかし、私の考え方はまったく逆です。絶対に失敗しないように念には念を、という思いがあふれ、くどくどと長くなってしまい……これはずっと抱えている悩みです。

ところが、この本のレシピの見せ方のすばらしいこと！　片岡シェフのレシピは、ほとんどの分量がきっちりと数値化されています。ともすればやはり難しく見えがちなのですが、手描きのイラストは直感的にわかりやすく楽しいイメージを与え、作れそう、作りたいと思わせてくれます。この本を読んでいると、なんと情熱と手間がかけられているのだろうとため息をついてしまいます。

さて、みなさん。なぜこの料理が「カルボナーラ」と呼ばれているかご存知ですか？　これは「炭焼き」という意味で、黒い炭がパーンパンとはねて、白いパスタにふりかかったように見えるからだそう。お店によっては「炭焼き職人のパスタ」とメニュー名がついていることもあります。本書にはこのようにレシピだけではなく、片岡シェフによる豆知識のようなコメントもあり非常に勉強になります。巻末には使用している調理器具のメーカーや、食材の仕入れ先から、野菜やハーブの効能まで記されており、イタリア料理をいろんな面から理解して実践するための工夫がなされています。

この本を手に入れてから、私は台所に持ち込んで料理をするようになりました。今までレシピブックは私にとってただ眺めて空想の世界で味わうためだけのものだったのに。片岡シェフは私の先生となり、私の暮らしを彩り始めたのです。

相変わらず学校は休みがちでしたが、友人は家によく遊びにきてくれました。そして、私はこの本で覚えたスパゲッティを彼らに振る舞うようになります。そのおかげで、自分が自分のままで生きていく術を手に入れたような気がしました。

休んだ子どもとのお昼ごはんは、カルボナーラ。今じゃ親子そろって大好物です。チーズをたっぷりすりおろしてもらいます。卵も割り入れて、慎重に黄身と白身をわけます。前にいっしょに作った時より、上手になっているのがわかります。世の中には、苦手なことや受け入れられないことがたくさんあるけれど、自分自身の手でなんとかできることもあるかもしれない。だから、いつだって焦らなくていい。

私は、とりあえずスパゲッティを作れるようになりました。そして、それは、自分が努力して手に入れた初めての「自信」だったのです。

衝撃を受けてなお、私は読書に目覚めなかった

古賀及子

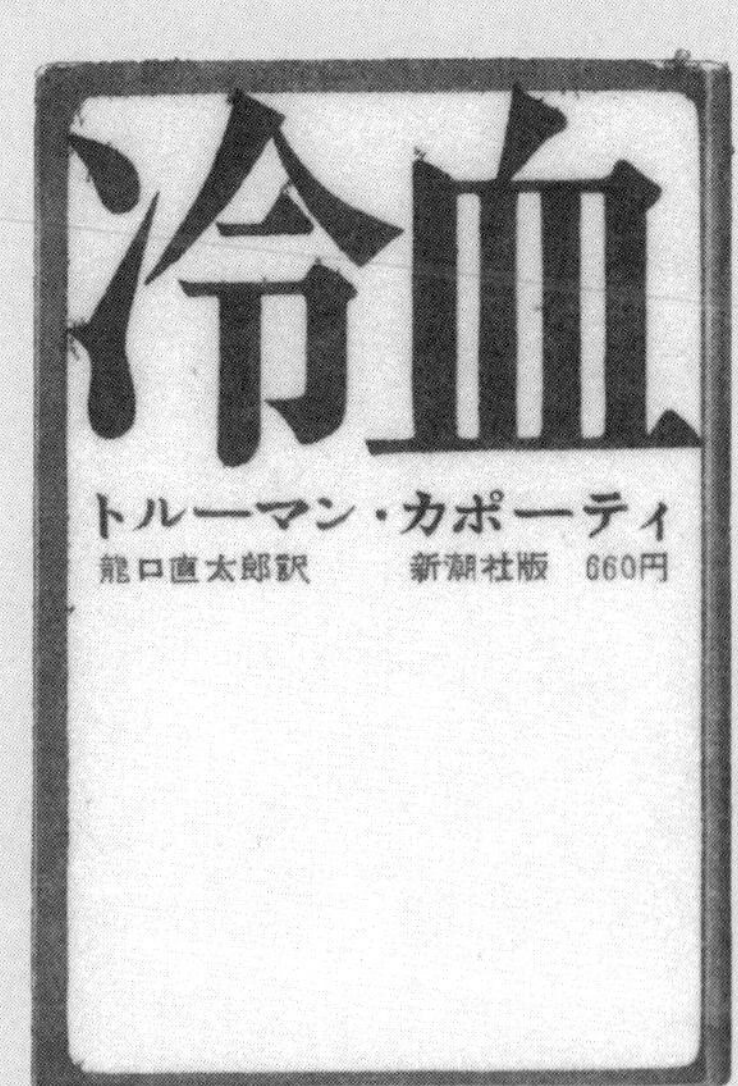

トルーマン・カポーティ『冷血』（龍口直太郎訳／一九六七年 新潮社）

現在は佐々田雅子による新訳版が新潮文庫に収録

たいていの本がずっと、私には難しかった。読書習慣がつかないまま、子ども時代をのろのろ散漫にすごした。

子どもの頃に本をむさぼり読んだと憧れの著名人が自伝やインタビューで語るのを見ては、「ああ！」と思う。むさぼり読めなかった者として、どうやったら本を図書館の棚から棚へ旺盛に楽しめたのだろうと愕然として、ただ羨んでまぶしい。

読めないくせに、読書という行為へはじっとり目くばせし続けた。運動が下手で、音楽や工作のセンスもなく、語学も苦手な私は、せめていつか本を好きになってたくさん読んで、本で知ったさまざまを自分の生き方の根拠にしたいと欲していたのだと思う。

けれど本を開けば理解が及ばず寝てしまう。無駄に高い理想ばかりかかげてわざわざ身の丈に合わない難解な本にすり寄っては跳ね返されていたんだろう。結局、本が身に付かないまま大人になってしまった。

やっと読みたい本を自力で選び出せるようになり、家にどんどん未読の本が増えていく、本にまみれて「趣味は読書です」と、多少の自信を持って言える状況になったのはコロナ禍に入って自宅ですごす時間が一気に増えたころで、もう四〇代に入っていた。

どういうわけかエッセイストとして仕事をしている。同業の方にくらべると読書経験や読了した本の数の差は歴然だろう。

そんな自分にも若い頃に読んで衝撃を受け、そして今にいたるまで影響を受け続けている本があり、それが高校生の頃に読んだトルーマン・カポーティの『冷血』だ。著者本人が〝ノンフィクション・ノベル〟と呼んだ、殺人事件の取材をもとにして書いた実話でありながらも、文学の味わいの濃い長編小説である。

私は本を畏れる子どもだったから、いま思えばよく手に取ったなと思う。「そんな自分にも若い頃に読んで衝撃と今にいたる影響を受けた本があり、それが高校生の頃に読んだトルーマン・カポーティの『冷血』だった」と、将来書くために読んだみたいによくできた話だ。我ながら、ちょっと格好良すぎる。そんなこと、本来の私では起こりえない。

幼少期に母が「この子は本が好きなんです」と誰かに私を紹介したことを今でもおぼえてい

る。おそらく、よその家に行った際に子ども向けの世界文学全集を借り、その場で読んだようすを見て母は喜び判断したのだろう。でも文学全集なんて読んだのは、この一回だけなのだ。開いたページに載っていたのは「可愛そうな王子」と「王子と乞食」だった。暇を持て余して他にすることがなかったのだと思う。たくさん入った挿絵がきれいだった。

小学校時代の放課後は、おおむね友だちがファミコンで遊ぶのをうしろからながめることに費やした。高学年に上がってからは漫画を、横断的にではなく少ない作品にしぼって偏愛的に読むようになる。『らんま½』と『幽☆遊☆白書』を繰り返し読んだ。

中学三年生の頃、県立高校の推薦入試の面接で「好きな小説は」と聞かれるが、無い。焦って読んだことのある小説を必死に脳内から探し、はっとして教科書に掲載されていた『野ばら』と答えた。作家の名前は知らなくて言えなかった。今ならわかる。それは小川未明の作品だ。推薦入試は落ちて、一般入試でなんとか高校に入った。

高校で、はじめてカルチャーとしての音楽にふれた。雑誌の「ロッキング・オン・ジャパン」をながめるようになって、情熱を語るためには文章を上手にあやつることがどうも有効なようだと気づき、いよいよ本を読まねばと思いはじめる。

それで慌てて手に取ったのが、祖父母の家にあった『冷血』だったのだ。

祖父母宅にはかつて大叔父が暮らしたらしい。それこそ本の好きな人で、部屋の壁一面はびっしり作り付けの本棚があった。おそらく大正から昭和初期の時代の文豪の全集や、文学作品の文庫本がみっちりつまっていたはずだ。が、本に対する解像度が極端に低い状態で本棚と接していたから、どんな作家のものだったのか、今となってはまったくわからない。悔やまれる。

ともかく、そこに『冷血』はあった。アメリカでの原書の発売後、一九六七年に新潮社が出した龍口直太郎訳の単行本だった。本当に起こった殺人事件を描き出した小説だというのがよかった。完全に、ワイドショー的な興味本位でページをめくった。

先日、友人に連れられたずねた古書店で、高校生の当時、私が手にしたのと同じ『冷血』を棚に見つけた。原書のデザインにのっとり、茶色い縁どりがされたところに大きくタイトルが入る。

再会にしびれて奮えた。新潮社からは二〇〇六年に文庫で新訳も出ており、それはすでに持っている。けれど、私にとっての『冷血』は、やっぱりこの単行本版だ。値段も見ずに買った

（二〇〇〇円だった）。

二七年ぶりに読んで驚いた。難しい。もっと下世話な興味やスリラー要素の興奮でぐいぐい夢中で読めるものだとばかり記憶していた。もちろん緩急をつけたスピード感や思わぬ展開は、読ませる。けれど、記憶よりずっとずっしりと文学的で、情景や心理のひだを執念深く情緒と情報で埋める手つきは、重い。

「今では読書が趣味」と書いたが、読むのは相変わらず遅い。再読にもかかわらず読了まではしっかり時間が必要だった。

一九五九年一一月、アメリカのカンザス州で起きた一家四人の殺害事件を追う物語だ。すべて現地での取材をもとに書かれている。殺害直前の一家と周辺のようす、事件当日と犯人の逃亡、犯人の発覚と逮捕、裁判と刑の執行。その事実が作家の手つきによって、目で追うように紡がれる。

ここでは文学が、フィクションの虚しさをかなぐり捨てるように立ち上がってノンフィクションとして躍動する。文学の手つきで、現実世界をあぶりだすように見定める。実話がベースだからこそ、むしろ全身で「これが文学だ」と叫んでいるかのようだ。

取材をしたのは当然人殺しがあったあとだから、死んだ人物は語らない。人は殺されてしまうと自分の口ではもうしゃべることができない、その事実があまりにも深い。しゃべり続けられるのは殺人者で、重点的に描かれるのも殺人者の人生と、思考と、暮らしだ。間違いなく傑作だ。あらためて衝撃を受けた。文章の中に芸術が〝すみずみ〟といきわたり、冷酷で人道をはずれた人間に、許すことはできない、やりきれない美しさがのぞく。

傑作ではあるのだけども、むさぼり読んでこなかったコンプレックスばかりを育てていた高校生の私が、どうして急にこの、大作かつ重厚なアメリカ文学を読めたのかは再読を通じていっそう不明瞭な霧につつまれた。

これだけの作品を読み切って衝撃を受けた高校生の私は、しかし、その後も、読書の道を、何故かまい進しなかった。それもよく分からない。そこは頑張ってほしかった。手ごわい傑作を一作読んだだけ。いよいよ謎は深まる。

まい進せず、私は何をしていたのだろう。勉強はしなかった。小劇場演劇のファンになり、自宅から電車で二時間半かけて下北沢に通うようになっていた。

演劇部に入り、顧問の先生の趣味で劇作家・別役実の存在を教えてもらえたことは、『冷血』

の読了に加え、高校時代最大の文学体験だったが、どうも私の視野は狭く、ぽつぽつと、別役世界に出てくる「男1」や「女3」による不条理な会話だけをのんびり読んだ。不条理という表現の存在に、人間生活元来のつじつまの合わなさを感じるだけ感じ切って、卒業した。

演劇部が楽しかったから舞台美術を学ぶ専門学校に進学しようとしたのだけど、担任の教諭に短期大学の指定校推薦の枠がひとつある、行ってくれないかと頼まれて、ぼんやり引き受けた。経営学部で情報処理を専攻する学科だった。短大ではいよいよロッキング・オン社の雑誌を横断的に読むようになる。しかし、まだ読書には目覚めない。

出会い系サイトで知り合った男性に枡野浩一『かんたん短歌の作り方』を教えてもらった。誰もが持ち得る感覚が短歌の形にテクニカルに収納されることにより、より大きな感情として呼び覚まされることに愕然とした。

はじめて入った会社の同僚には長嶋有『パラレル』をすすめてもらった。人間の生活とコミュニケーションの機微をここまで至近で、文章としてとらえられるものなのかと全身が興奮した。

そして、武田百合子『富士日記』だ。友人の家の本棚に文庫本が上中下巻で並ぶのを目にし、手に取った。日々を記すことがここまで豊かであり得るのかと驚いた。見たまま、聞いたままの書きとめが輝くさま、思うのではない、気づくようにとらえた感情におののいた。

じわじわと書物から衝撃を受け続け、それでもなお私が読書に夢中になるきざしは無い。良い本はすべてすすめられてやっと出会った。いつまでも自分で選んで本を買うのが下手なままだった。でたらめに買って落胆したり、読み進められずギブアップしたり、感激して通読する本は増えない。難しい本につい手を出して撃沈することはこの時期になってもまだ繰り返していた。

文学に憧れることをあまりに長くやりすぎた。結果、一冊の読書から吸収可能な影響を最大限まで吸い取り切る、珪藻土バスマットのような読書の仕方を覚えたのは幸いだったかもしれない。

最初に『冷血』を読んだのが高校生の頃ということは、作中で殺害された一家の娘のナンシーと同じ一六歳くらいだったはずだ。どういう偶然か、いまや私はその母親で同じく殺害されたボニーと同じ四五歳になっている。

『冷血』には、死というものが持つ、時間の火が吹き消えるような終わりと、一方で死なない人生の終わらなさが詰まっている。

かつて『冷血』を、心を奮わせながら無理やりぎりぎりなんとか通読した一六歳の私は生き続け、そのずっと先に、やっと本を、むさぼるようにではないかもしれないけれど読みはじめた今の私が立っている。

それが絶望だったとしても

前田エマ

ハン・ガン『少年が来る』（井手俊作訳／二〇一六年 クオン）

二〇二三年三月から半年ほど、韓国に留学した。三〇歳を過ぎていた。

韓国という国に魅せられ、いてもたってもいられず留学まですることになったのは、一冊の本がきっかけだった。この本と出会わなかったら、ここ数年の私の人生はだいぶ違ったものになっていただろう。

二〇二〇年、春。

コロナによる第一回緊急事態宣言。桜が舞い散る世界を部屋の中からただ眺めるだけの、時が止まったかのような混沌とした日々。そんな中で、小さくて大きな楽しみを見つけられたのは運がよかった。それは韓国ドラマを観ることだった。

二〇二〇年は映画『パラサイト』のカンヌ・パルムドール受賞をはじめ、ドラマ『愛の不時着』『梨泰院クラス』のヒット、ボーイズグループ・BTSの楽曲「Dynamite」が米ビルボードで二週間連続一位の快挙と、世界へ韓国のエンタメの力を見せつけた記念すべき年だった。

二〇〇四年に放送されたドラマ『冬のソナタ』が火付け役となり、今までも幾度にわたって繰り返されてきた日本での韓流ブームは、この年〝第四次韓流ブーム〟を迎えることとなる。ミーハーな私は、そのブームに気づけば乗っていた。

韓国通の友人に、ドラマ『梨泰院クラス』を観たことを報告すると、「OST（劇中挿入歌）をBTSのメンバーが歌っているから聴いてみて」と返事が来たので、早速聴いてみると、その優しくてあたたかくておしゃれな歌声に心がキュンとなった。彼の歌声をもっと聴いてみたいと思った。

コロナ禍の引きこもり生活が続く中、心と身体の健康を保とうと外をジョギングしていた私は、BTSの音楽を聴きながら走るようになった。BTSのメンバーが何人いるのかも、顔も、パフォーマンスも知らないし、韓国語もまったくわからないにもかかわらず、その多彩な音の世界に夢中になり、三ヶ月ほど聴き続けた。

コロナが少し落ち着いてきた頃、例の韓国通の友人を家に招いて食事をした。そのときに彼女がBTSの動画を色々見せてくれた。一糸乱れぬ群舞、魅せる表情とパフォーマンス、衣装やセットの豪華な作り込み。ジャッボーン！　沼に落ちた。

彼らのパフォーマンス、個々のキャラクター、メンバー同士の関係性、これまで歩んできた道のりを知っていく中で私が驚いたのは、彼ら自身が書く歌詞だった。デビュー当時から、世界的なスターとなった今日まで、自分たちを取り巻く社会との距離感を音楽で表現してきた彼らは、学歴社会へ一石を投じたり、格差社会に対しての不満や絶望、時には政治家の失言へのアンチテーゼまで繰り広げる。

二〇一四年四月一六日、韓国で一隻の船が沈没し、三〇〇名近くが亡くなった「セウォル号沈没事故」。犠牲となった多くは修学旅行中の高校生でBTSと同世代だった。BTSの曲には、この事故について歌っているのだろうと言われるものがあり、ミュージックビデオのなかにもたくさんのメッセージが込められている。

彼らが二〇一五年にリリースした「Ma City」は、BTSのメンバーが自らの故郷を、夢やプライドとともに歌いあげた曲だ。韓国の南西部・光州出身のメンバーはこの曲の中で、光州民主化抗争のことを歌った。

光州民主化抗争とは一九八〇年五月一八日に光州で起きた民主化を求める運動と、それに対する軍事政権による武力弾圧のことだ。学生を含む多くの市民が軍によって虐殺された。

なぜアイドルが、自分が生まれる前の社会や歴史について、こんなにも熱心に、音楽を通して語るのだろう。

私はまず、光州民主化抗争をテーマにした映画をいくつか観てみた。その話を聞いたファッションデザイナーの男の子が「エマちゃん、これ読んでみなよ」と一冊の本を貸してくれた。それは光州民主化抗争について書かれた小説『少年が来る』だった。

この本の著者ハン・ガン（一九七〇年生まれ）は、現代の韓国を代表する女性作家で、詩人でもある。二〇一五年には英国の権威ある文学賞マン・ブッカー賞をアジア人で初めて受賞した。受賞作『菜食主義者』は、ある日突然ベジタリアンになった三〇代女性について、彼女の周りの人々がリレー形式で語っていく物語だ。この小説は日常の中に潜む暴力が大きなテーマになっている。ベジタリアンになり、セックスを拒み、物語の終盤では人間であることを拒むかのように、「樹になりたい」と願う彼女。その奇異にも見える行動は、彼女を抑圧してきた父、夫、そして社会の規範に対し、命のすべてを使って反抗する彼女の強い意志に繋がっていた。

一方『少年が来る』は、国家による暴力と、それに抵抗する者たちを描いた物語だ。著者のハン・ガンは光州の生まれだが、民主化抗争の数ヶ月前にソウルに引っ越している。この民主化抗争は長い間、事実が国民に共有されず、タブーとして扱われてきたと聞いた。当時一〇歳だった彼女は大人たちの話を聞き齧りながら、直接的な当事者にはなれないが、この歴史の痛みのようなものが常に隣にある者として生きてきた。

『少年が来る』は様々な立場で光州民主化抗争に立ちあった、六人の語り手による全六章の話で構成されている。それぞれの登場人物たちの人生がどこかで絡み合っていて、読み進めるごとに話が立体的になっていく。

軍によって殺された親友を探すために遺体安置所で手伝いをしている男子中学生は、次々と運び込まれる遺体の特徴をノートに書き留め整理し、遺族と対面させる日々。腐敗していく遺体のにおいを紛らわすためにろうそくをつける。もうすでに死んでいる少年の親友は、安置所にも運ばれず積み重ねられた死体の山の一部になっている。自分が腐りゆく様子を、魂となった自身の視点から語る。光州民主化抗争後に逮捕され拷問を受けた人、その後自ら命を断った人、事件を伝えていこうとする人、忘れてしまいたい人。光州民主化抗争が終わってからはじまった本当の痛みと絶望。誰とも分かり合えない思いが、実在したエピソードを基に、異常なほどの温度感を持って描かれている。

想像することを放棄したくなるような生々しい拷問の痛み。目の前で繰り広げられているのではないかと思うほどに臨場感あふれる残虐の様子。人間誰しもが持つ根源的な暴力性を描き切っている、執念にも似たパワーを感じる一冊。それなのに言葉のひとつひとつはみずみずしく、キラキラと光っていて非常に美しい。その後、ハン・ガンの本を貪るように色々と読んだが、彼女の言葉に対してのセンスと、毎回世界を初めて見るのかように物語を繋ぐ作家としての覚悟に憧れた。

この本が入り口となって、私は韓国文学の奥深い世界にのめり込み、韓国という国では人々が連帯し抵抗することによって社会を大きく変えてきたことを知った。民主化もそうだが、それ以前の朝鮮独立運動や、現代だと朴槿恵（ぱくくね）大統領を退陣に追い込んだキャンドルデモなど、挙げだしたらキリがない。その中で文学というものが大きな役割を果たしてきた。例えば詩だ。詩は抽象的で検閲の目をかいくぐりやすい。それだけじゃなく、短くて覚えやすいので他人と共有することができ、時には歌やスローガンとして人々が口ずさんできた。またセウォル号沈没事故の際は作家たちの多くがこの問題と向き合い作品を発表し〝セウォル号以降文学〟と呼ばれるジャンルまで誕生した。

「少年が来る」を読んでしばらくたった頃、ミャンマーでクーデターがはじまった。テレビに映る映像を見て「私はこの風景を知っている」と感じた。それは光州での出来事ととても似ていたのだ。ここまできてやっと、なぜBTSが過去の歴史を歌うのか、彼らが当たり前のこととして抵抗の歌詞を書くのかがわかったような気がした。

二〇二三年五月一八日、私は光州にいた。墓地や記念館へ行き、光州の街を巡った。コロナを経て、やっとこの地を訪れることのできた喜びと、何かが心につっかえるような絶望に似たようなものを感じながら滞在した。

私は「少年が来る」を読んでから、人間の持つ暴力性について考え始めるようになった。自分ひとりで学べることには限界があるし、どうせなら多くの同士と未来に向かって生きていけたら心強いだろうと思い、その道のプロを講師として招いた勉強会を今までに四回企画し行った。これまでテーマとして扱ったのは、沖縄と日本の歴史、日本に来た移民や難民と入管問題について、そしてロシアとウクライナの戦争。今私たちのそばにある暴力について目を背けたくないと思ったのだ。

韓国に留学したいと思ったのは、韓国の社会や歴史を自分の目で見たいという気持ちが生まれたからだ。歴史的記念日には、それにまつわる場所へ足を運び、人々の熱気や思いを少しでも感じようと努めた。日本という国の教育では不都合の事実であり学ぶことができなかった歴史を、記念館や博物館に行くことで多く知った。世界中から集まってきている語学学校の生徒たちと、それぞれの価値観や国で行われている教育に耳を傾けながら話し合った。学校や街中では、大小様々なデモが毎日のように行われていた。

暴力というものは、巡るものだと私は思う。差別や拷問、虐待。それは戦争という形だけでなく、家庭や学校という身近な場所にも存在している。誰もが暴力を受ける側にも、暴力を振るう側にもなりえる。そこでいかに踏みとどまることができるのか、そこでどうやって暴力に声を上げることができるのか。その難しさと、しかし捨てることのできない希望を、「少年が来る」を読むたびに私は突きつけられる気がする。これから生きていく中で、たくさんの困難や矛盾と私は出会っていくのだと思うが、この本がそばにあることを思い出せれば、それが絶望だったとしても、書くことで抵抗するという術が私にはあると、背中を押されるはずだ。それがうんと先の未来でのことであったとしても、大丈夫だと信じられるような気がする。

そして新しい扉は開かれた

嵯峨景子

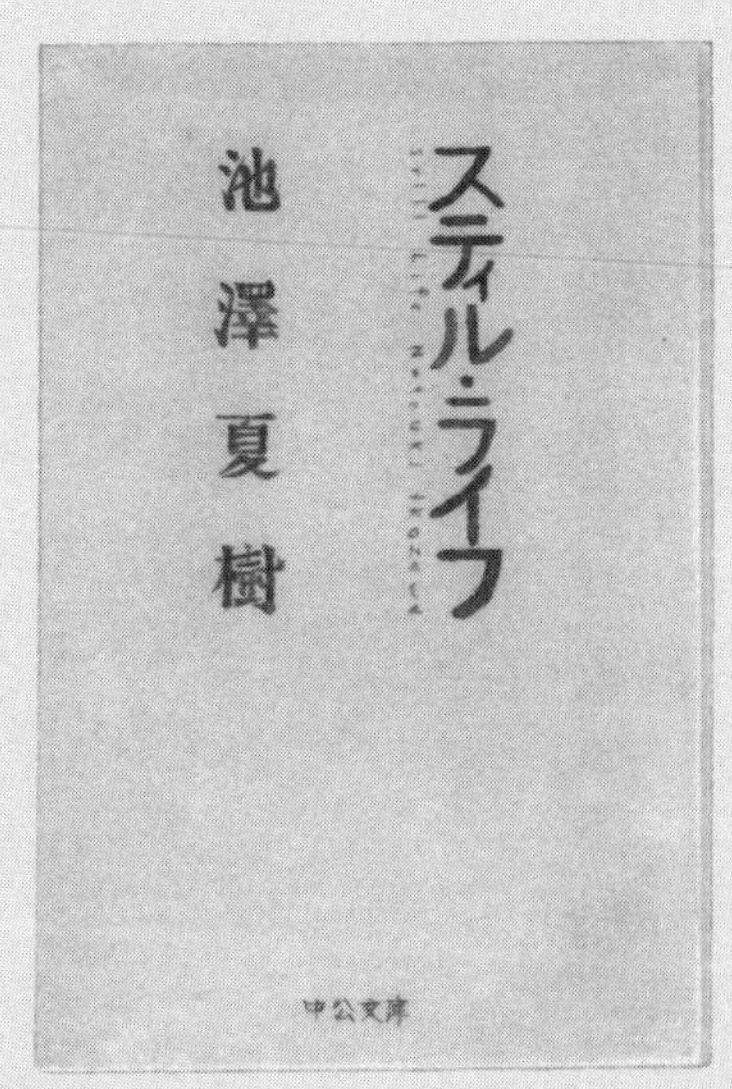

池澤夏樹『スティル・ライフ』（一九八八年　中央公論社）

現在は中公文庫に収録

音楽やファッション、インテリア、観劇に旅行……。趣味や好きなものをあげればきりがない。けれども、私という人間を形成するうえで、最も長くかつ深く付き合い、かけがえのない財産をもたらしてくれた営為といえば、読書をおいて他にない。本を通じて私は世界を知り、生き方や美意識、そして仕事を選び取っていったのだ。

私の身体の奥底には、これまでに手に取ってきた数えきれないほどの本の記憶が降り積もっている。ときおり記憶の箱をそっと振り、まるでスノードームの中を覗き込むようにして、キラキラと舞い散る本の思い出を反芻する。本や読書にまつわるエッセイの執筆は、自分自身の地層に分け入って眠っていた記憶を掘り起こすような、懐かしくも楽しい作業だ。

愛読書や影響を受けた本は少なくないが、〝私の世界を変えたこの一冊〟と言われて真っ先に思い浮かんだのが、池澤夏樹の『スティル・ライフ』だった。十代の頃に読んだ小説が開いてくれた新しい世界の扉と青春の忘れがたい読書体験について、しばし回想してみたい。

『スティル・ライフ』との出会いは時をさかのぼること三〇年ほど前、高校一年生の時に受けた現代文のテストだった。黙々と試験問題を解く退屈な時間のさなか、理科的な気配を漂わせる小説の断片が、突如目の前にあらわれた。あまりにも鮮烈なその一節に、世界がくるりと反転するほどの衝撃を受けたことを今でもはっきりと覚えている。

テストに使われていたのは、主人公の〈ぼく〉が神社内のベンチに腰をおろしてハトを眺めるという、物語の中盤に登場する場面だった。なかでも強い印象を残したのが、次に引用する箇所である。

> しかし、その下には数千万年分のハト属の経験と履歴が分子レベルで記憶されている。ぼくの目の前にいるハトは、数千万年の延々たる時空を飛ぶ永遠のハトの代表にすぎない。ハトの灰色の輪郭はそのまま透明なタイム・マシンの窓となる。長い長い時の回廊の奥にジュラ紀の青い空がキラキラと輝いて見えた。

人気のない神社で束の間、〈ぼく〉とハトとがひそやかに邂逅する。そんな静かなひとときの奥にはしかし、長い時をかけて営まれた生物の進化の歴史が鮮やかに浮かび上がる。それまでの読書体験では味わったことがない、科学と文学の融合が生み出す美しいイマジネーションに強く心を揺さぶられた。その後すぐさま中公文庫版の『スティル・ライフ』を買い求めて読み、以後池澤夏樹作品にのめり込んでいくことになる。

一九八七年に中央公論新人賞、そして翌一九八八年には第九八回芥川賞を受賞した『スティル・ライフ』は、池澤夏樹の出世作として知られる。主人公の〈ぼく〉は染色工場で働く青年で、気軽な立場のアルバイト生活を続けながら人生で何をするのかを探し続けていた。ある日、アルバイト先で大きなミスをしてしまい、主任に怒られているところを佐々井という男に助けられる。佐々井は〈ぼく〉同様アルバイト生活をしている、もの静かかつ独特の距離感で世界を眺める不思議な男だった。お礼も兼ねてその日はバーで一緒に飲み、やがて佐々井が染色工場を辞めたのちも交流は継続する。二人とも互いの個人的なことはほとんど話さず、酒の席でも話題にのぼるのは星の話やチェレンコフ光など、どこか遠い世界のことばかりだった。ある日、〈ぼく〉は佐々井から奇妙な依頼を受け、三ヶ月という期間限定で彼の仕事を手伝うことになるが――。

……とあらすじを紹介しただけでは、本作の魅力の半分も伝わらないだろう。〈ぼく〉と佐々井の交流が醸し出す不思議な魅力もさることながら、『スティル・ライフ』の最大の読みどころと言えるのが、理系的なエッセンスを随所にちりばめた瑞々しくも美しい詩的な文体だ。小説を読み始めるや否や、読者は物語の冒頭で、鮮やかなフレーズに出会うことになる。

この世界がきみのために存在すると思ってはいけない。世界はきみを入れる容器ではない。世界ときみは、二本の木が並んで立つように、どちらも寄りかかることなく、それぞれまっすぐに立っている。

でも、外に立つ世界とは別に、きみの中にも、一つの世界がある。きみは自分の内部の広大な薄明の世界を想像してみることができる。きみの意識は二つの世界の境界の上にいる。大事なのは、山脈や、人や、染色工場や、セミ時雨などからなる外の世界ときみの中にある広い世界との間に連絡をつけること、一歩の距離をおいて並び立つ二つの世界の呼応と調和をはかることだ。たとえば、星を見るとかして。

世界に対する宣言とも言える、『スティル・ライフ』という作品を象徴する一節である。本作を初めて読んだ一五歳当時、私は自分自身も自分を取り巻く世界の何もかもが嫌いという、暗黒の思春期の真っ只中にいた。息苦しさに窒息しそうになりながら毎日を過ごしていた私は、『スティル・ライフ』にふれたことで、佐々井や〈ぼく〉の一歩距離を置いて世界を眺める俯瞰的な視線を知った。星を眺めて遠くに思いを馳せることで、これまでとは異なる距離感で世界と向き合えるようになる。近視的でない物差しを手に入れたことで、心が開放されて呼吸が楽になり、以前よりも少しだけ生きにくさが解消されたのだった。『スティル・ライフ』を再読するたびに、感覚が研ぎ澄まされ、自分を取り巻く世界が静かに変容するあの感動を鮮やかに思い出すことができる。私にとって本作はザラザラとした日常の澱や感情を取り除き、世界と心の調和を取り戻してくれる、心の濾過装置なのだろう。

『スティル・ライフ』が私に与えた影響は、世界に対する視線だけに留まらない。佐々井と〈ぼく〉がみせる知的でどこか風通しのよい友情は、私が偏愛するジャンルであるバディ小説に目覚めた原点的作品の一つでもあった。強い関係性や濃密な愛憎劇にも心を惹かれるが、ほどよい距離感を保ちながら絆を感じさせる二人の関係性が醸し出す雰囲気は、なんとも味わい深かった。〝青春〟や〝友情〟というモチーフに対する自分の嗜好を認識したという意味でも、本作は私の読書歴の中で重要な位置を占めている。

池澤夏樹世界への入り口となった『スティル・ライフ』をきっかけに、以後さまざまな作品を読み漁るようになった。『夏の朝の成層圏』や『真昼のプリニウス』、『マリコ／マリキータ』や『マシアス・ギリの失脚』などの小説も楽しく読んだが、私により強い影響を与えたのが、『海図と航海日誌』や『読書癖』らに代表される、本をテーマにした一連のエッセイである。

池澤の読書エッセイで取り扱われる作品の守備範囲は広く、日本文学や海外翻訳小説だけでなく、SF小説や科学的なテーマを取り扱った本まで、当時は理系志望だった自分の関心に深く刺さるものが多かった。私は子どもの頃から本の虫というタイプではなく、高校に入学するまでは読書量もさほど多くはなかったと思う。おまけに読んでいる作品もコバルト文庫や講談社X文庫ティーンズハートなどに代表される少女小説に始まり、のちには京極夏彦や森博嗣などの講談社ノベルスに移行したように、エンタメ小説が中心だった。池澤夏樹の『スティル・ライフ』と読書エッセイに出会ったことで、より広い文学と本の世界を知り、読書量も一気に増加した。

この原稿を執筆するにあたって久しぶりに『読書癖1』を再読し、一〇代後半から二〇歳前後にかけての自分の読書がいかにこの本の影響のもとにあったのかを再確認して改めて驚かされた。村上春樹の『ノルウェイの森』や日野啓三『砂丘が動くように』などの小説や、批評とエッセイが融合したスタイルが魅力的だった川本三郎『感覚の変容』や松山巖『都市という廃墟』、ヴィジュアルブックとして手元で愛でていた戸田ツトム『断層図鑑』や写真集『地球／母なる星』、十代の頃にとりわけ大きな影響を受けた『人間の大地』や『城砦』のサン＝テグジュペリなどなど……。池澤夏樹の影響だと自覚していなかった本を含めて、多感な時代に愛読した書物がいくつも紹介されている同書への再訪は、さながら記憶のショーケースを眺めるような心地だった。

『結晶世界』のJ・G・バラードや『ニューロマンサー』のウィリアム・ギブスンなど、池澤夏樹を通じて知り、愛読するようになったSF作家も少なくない。この二人の他には少女漫画家の萩尾望都経由で読むようになったレイ・ブラッドベリが、自分の嗜好を形成するうえで大きな影響を受けたSF作家だ。

SF小説は私にとって、宇宙への憧れや知的好奇心を満たし、美しいイマジネーションを見せてくれる、ひときわ特別なジャンルである。SFを多読するマニアタイプとは程遠いが、十代の頃から愛好していたこのジャンルと近年距離が近づき、仕事としてSFに関わる機会が増えたのは嬉しい変化だ。自分ならではの強みを生かした仕事をこれからも手掛けていきたい。

私は今、フリーライター・書評家という肩書で活動をしながら、少女小説をテーマにした著作の執筆やブックガイド作りなども手掛けている。とりわけ読書の手引きとなるブックガイド作りにはやりがいと使命感を抱いているが、思えばそのモチベーションの奥にあるのは、池澤夏樹の読書エッセイに導かれた、幸福な読書体験があるからだろう。私の仕事もまた、まだ見ぬ誰かを新しい世界へと誘うささやかな道標になれるだろうか。

本嫌い（ビブリオフォーブ）を本狂い（ビブリオマニア）に変えた一冊

後藤護

高山宏『目の中の劇場』（一九八五年　青土社）

都市プロレタリアートを第四階級とすれば、小作農民は第五階級である。

住井すゑ『農村雑景』

二二歳までまともに本なんて読んだことなかった。おまけに山形県の人口一五〇〇〇人程度のド田舎町のさくらんぼ農家の倅、両親は短大出という文化資本・サブカル資本ともにゼロのスタート。とはいえ何かの間違いで高校では入学時から成績学年トップ（そこそこの中堅進学校）でちょっとした有名人、しかし両親は「農家に勉強なんていらね」「〝普通〟でいいから」と小市民的な出る杭は打たれる理論を開陳してはこちらの向学心をくじき、『クイズ！ヘキサゴン』のおバカ男三人組とおバカ女三人組の島田紳助プロデュースの大人気ユニットをテレビで眺めながら「頭悪くても愛嬌ある方がいいからね」と厭味ったらしい小言をささやき、小生と同い年のハンカチ王子のさわやかさを目指せと諭してくるに至っては喜劇なのか悲劇なのか、もう分らぬ。ああ無情（レ・ミゼラブル）！

貧乏だったとか教育ママにしごかれたみたいなつらい思い出はないし、まあ卑下するほどではないにせよ、少なくともインテリや傾奇者（サブカル）がすくすく育つような家庭環境にはいなかったのは事実である。そんな田吾作の小僧がのちのち上京して、一五万冊の本を読んだ、七か国語が読めると豪語し、黒眼鏡でロン毛で全身黒（なのに猫の毛がいっぱい付いてる！）のいかにも演劇がかった話し方をする当時六〇代のいかがわしくも博覧狂気なカリスマ的アウトサイダーに出逢った図を想像してみて欲しい。強烈に反撥するか、惹かれるかのどっちかしかないだろう。後者だった。僕の人生はすべてここから始まった。ようするに高山宏の不肖の弟子となったのだ。

「人生の師」高山先生の大学院での教えに関しては『アリスに驚け』跋文で既に書いたからここでは繰り返さない。ただ先述したように、「二二歳までまともに本なんて読んでなかった」はずの男が、なにゆえ今では六畳一間の床が軋むくらいの蔵書をほこり、靴箱から洋服クローゼットはてには部屋の真ん中まで本を積み上げ、ただでさえ狭い六畳間を「コ」の字型にしか移動できない有様となり宇川直宏さんから「令和の内藤陳」と綽名（あだな）され、そのグロ写真をSNSにアップした所、フィットネス雑誌『ターザン』から「人生のバイブル」に関するインタビュー依頼が来るに至ったか、その経緯に関しては説明がいるだろうと思う。

かつては読書なんてそんなノロマなチンタラしたことやってられるか、という若者だった。活字を一行一行追っていくより、僕などフェリーニ『サテリコン』やコッポラ『地獄の黙示録』などの串刺し脚本の映画、ようするにストーリーなんてどうでもよくて、ただ見るものを圧倒する映像やエピソードを数珠繋ぎにして、驚かせたれ目にものみせたれの精神で作られた現象学的混沌に一瞬でこちらを叩き込むフィルムがマジ最高でしかなかったのだ。

こうした映画にイカれていた若者にとって、本なんて説明過多で長くてセクシーさのかけらもないし勘弁してくれよと思っていた。ただ三島由紀夫とオスカー・ワイルドだけは好きだった。だが読むのがめちゃくちゃ遅い。だってほぼすべて写経しながら読むから（笑）。ようするに僕にとって読書は心を豊かにするとか、遅さを愉しむとか、人生とは何か考えるとかそんなことでは全然なく、ただ単純にバキバキにきまったフレーズや一文を丸暗記して、会話で相手を圧倒したり（!）気取りに気取るため（!!）の雄弁術／暗殺術の学習書でしかなかった（と、ここまできて「二二歳まで読書してなかったんとちゃうんかワレぇ！」とお怒りの方は真人間すぎるというか、牧歌的で居た堪れないというか、もうすこし人を疑ってみた方がいい。嘘つきにとって生い立ちで嘘をつくのは基本中の基本である。ただ、アラバマ州バーミングハムで生まれた黒人男性ハーマン・プール・ブラントが土星からやってきたサン・ラーであると大ボラを吹いたほどには嘘をついてない、せいぜい軽く「盛ってる」程度なのでご安心を)。

前置きが長くなったが、そんな読書が大嫌いだった僕が高山宏の本だけは絶対肯定できたのである。ようするにこれ、一行のなかで七つくらいのことを同時に考えながら書かれたポリフォニックな文章になっていて、かつそれらを「繋げる」アナロジーの力で脳味噌が痙攣させられるのと、「バキバキにきまったフレーズ」しか出てこないのに加え、完全に口語的に書かれていてリズム感が最高にいいのだ。僕の人生を変えた一冊はゴシック視覚文化論『目の中の劇場』で「ピクチャレスク」美学をまとめた恩師の二冊目の著書にあたるわけだが、「突兀峩々」とか「囲繞」とか「六塵俗界」とか漢文・仏典じこみの難読漢字が頻出して「うわ取っつきづれえ(笑)」と感じられるが、妙に文章にボディーというか肉性があるというか、話すように書かれているというかぶっちゃけ読んでてエクスタシーなのだ。写経するより音読するほうが気持ち良いという初体験。セックスやオナニーより気持ち良い文章を初めて読んだ悪徳の栄え！　松岡正剛さんは高山本を音読するのですよ、と以下のようにアジっている。「音読っていうのは声、呼吸を占有する。息には吐く息と吸う息があるけど、カンバセーションは吐きながらじゃないとできない。黙読っていうのは吸ったり吐いたりできるから、ザーっと読んじゃう。ところが高山宏の文章にはリズムとか文体とか、ありとあらゆるものがこめられているから、音読して占有性に達してみないとダメなの。そうするとそこに目が眩むものが見えてくる」。

目が眩むものが見えちゃった、わけなのです。自分にとって処女童貞作にあたる『ゴシック・カルチャー入門』のとりわけ第一章はほとんど『目の中の劇場』の百倍希釈のような内容である……であるはずなのだが、僕が最大のショックを覚えたのはそれにすら気づかない人々が読者の大半であるという歴然たる事実である。「恩師の本を丸パクリしてしまった……俺のキャリアはこれで終わりだ」とビクビクしながら感想を読んでいたら、否定的意見の人のそう少なくない数が「ゴスロリをバカにするな！」式の実にちんまい揚げ足取りばかり。私の最大のアンチ（ひるがえって最大のファン）墨田狗夷のアマゾン星一つレヴューから駄文を引用する。「序文で「ゴスロリには媚びない」と言い切るのはいいとして、後の方で「ゴスロリ娘のようにメイド服を着て・・・」とそもそもゴシックロリィタを調べていない、分かろうとしていない態度が落第点である」。墨田がTwitter上で私に向けたキラーフレーズを借りるならば「こいつバカなのか?」。宇宙のどこかにある一点を支点にするとテコの原理で宇宙をひっくり返すことができる魔法のような点のことを「アルキメデスの点」と言うが、私見では低能であればあるほど、傲慢であればあるほど、才能がなければないほど、このアルキメデスの点を簡単に見つけて、三〇〇ページの書物を一行でひっくり返せると錯覚することができるらしい。

何だかイヤミったらしくなってしまったが、ようは高山宏を読んでいない（分際でやたら偉そうな）若年層というのが増えていることを、まざまざと思い知らされたわけである。『ゴシック・カルチャー入門』の参考文献に入れてるし、あとがきでも絶賛してるし、各種インタビューでも絶大な影響を公言しているにも関わらず、いまだ僕の読者のそう少なくない数が高山宏にまでたどり着いている気配がない。それゆえ中沢新一さんが「師匠の名前を出すのはグロテスクだ」なんだと言っているにも関わらず、僕が三度の飯より高山宏の偉大さを連呼し続けているのは危機意識の発露なのである——「私は過去の力です」（パゾリーニ）から。

このあたりで自分を客観的に見てみると、ゴシックとかマニエリスムとかのヨーロッパ貴族文化の極北を専門にしてますだとか、四冊目では『博覧狂気の怪物誌』なる博識論（ポリマス）を書こうな

ど と、山形県のさくらんぼ農家の倅が思いあがっている自体、滑稽というか、下品というか、笑えないジョークでしかないと思われる。しかしケネス・アンガーは「宇宙は大いなるジョークです」と言ったのではあるまいか？　僕がこの田吾作ジョークを極めることにしたのは、銚子のガラの悪い定食屋の倅である尊敬措く能わざる菊地成孔さんが、超ハイソなフランス的エスプリとシックを自らの中に落とし込むエレガントな階級闘争を見事にやってのけたからだ。菊地さんがおフランスだから、僕は「おイギリス」（!!）とばかりにピーター・グリーナウェイの嫌味ったらしい英国紳士マナーの博覧狂気ぶりをぶんどって、いま自分のものとしている最中だ。

自分語りが過ぎたので改めて『目の中の劇場』に戻すと、あとがきに「本づくりの現在に一つのエポックを画したといういささかの自負さえある」とある。これは図像の力によるところが大きい。「イラストレーション」は往々にして文章に従属するものとして下に見られる傾向があるが、高山本では文章と同等か、あるいはそれ以上に図像たちが立ち騒いでいる。数も尋常でなければ、選ぶ素材も見たことないものばかりだ。僕にとっての高山宏の最大の魅力は父権的で抑圧的な活字中心文化に対して「図像を読む」力を訴えた点に尽きる。松本人志が問題なのは分かる。しかし文春がすっぱ抜いて最初に公開した記事の松本の写真が「サングラス」であり、凶悪であることをこの小道具で巧みに暗示したことのサブリミナルな効果を議論している者は皆無である。高山宏を読んでいれば、視覚文化論的な大問題だと一目瞭然の筈なのだが……これは雨ニモマケズ風ニモマケズ黒眼鏡を常時着用する僕が五冊目の『日本戦後黒眼鏡サブカルチャー史』で語らねばなるまい。

スペースあまっちゃったので最後にカチこむと、むかし高山先生に「君、お母さんっ子だったかい？」と突然聞かれて、「そうですね、幼稚園入っても乳離れしてなかったです」と答えたら、「じゃあ僕の弟子になれるよ」と謎の言葉を吐かれたことがある。今なら意味がわかる。ようはあれダメこれダメの家父長制的な「ロジック」に即くのではなく、母の子宮にいる全能の子供のように何かと何かが融通無碍につながり何でも許される「アナロジー」の遊戯力が、こいつ素質的にある、って思われたんでしょう（稀代のアナロジストの澁澤龍彥も山口昌男も家の女性たちに囲まれ、ユング的母性原理を育んだという）。というわけで母さん、冒頭ディスってごめんなさい！

私の〝昨日〟の世界

かげはら史帆

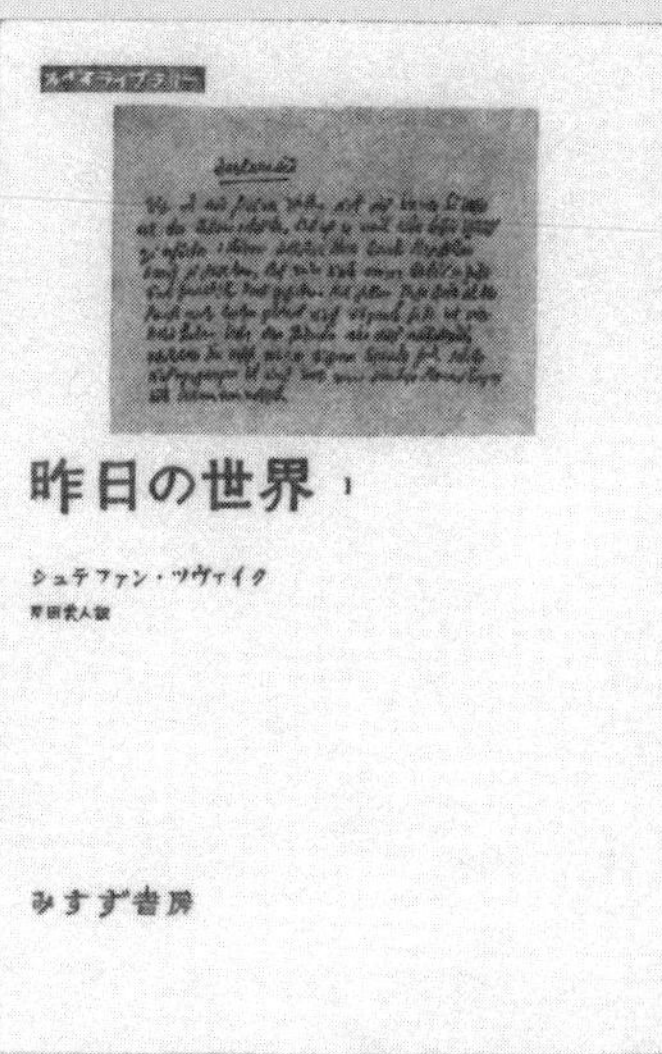

シュテファン・ツヴァイク『昨日の世界』（原田義人訳・全二巻／一九九九年 みすず書房）

十一月のある日、七歳の私はテレビに釘付けになっていた。ブラウン管の向こうでは、青年たちが落書きだらけのコンクリートの壁によじのぼり、抱き合い、ハンマーを振り下ろし、歓声をあげ、夜空の下で鮮やかに笑っていた。何が起きているのかと私は母親に尋ね、母親は易しい言葉で説明をしてくれた。詳しくは覚えていない。ただ、長らくこの世界にあった不幸がいま終わりを迎えたのだ、とは子どもながらに理解した。そのあと見た映像はすでに昼間で、壁には大きな穴が穿たれていた。夜が明けたのだ。この穴がまだなかった世界は、すでに〝昨日〟だ。

一九八九年。それは〝昨日〟が立て続けにやってきた年だった。同じ年の二月、冷たい雨が降りしきるなか、黒い霊柩車が数十台の車やバイクに護られてゆっくりと走るさまを、私はテレビ中継で目にした。そのXデーまでには長く生々しい経過があり、小学校ではクラスメイトたちが「ゆけつしたらしいよ」「げけつしたらしいよ」「またゆけつしたらしいよ」と神妙に噂していた。〝昨日〟の到来はさらに続いた。日本のすぐ隣に広がる巨大な連邦が消滅したというニュースが世界をかけめぐったのは、それから二年後のことだった。学習机の前に貼ってあったイラスト入りの世界地図は〝昨日〟の遺物になり、遊びに来た友達が「こういうの、取っておくと高く売れるってパパが言ってた」とませた調子で言った。

二十世紀史を支配したさまざまな不幸が、伏線回収のように急激に畳まれていき、世界はハッピーエンドの空気に包まれていた。学校の先生が「いまはもう平和だけど」を枕詞に過去の戦争の愚かさを説き、アニメ『ドラえもん』のエンディングでは「ぼくらは未来の地球っ子」という詞が誇らしげに歌われた。新興宗教が起こしたテロ事件と相次ぐ少年犯罪は平和を持て余した若者たちの現代病と解釈され、宮台真司が「終わりなき日常を生きろ」と説いた。ノストラダムスの大予言は外れ、一九九九年の七の月が来ても何も起きなかった。大学に入ると、どの講義に出てもポストモダンという語が飛び交っており、私が生きているのは現代すらもすでに昨日になった世界なのだと知った。

私もまた慢性的に退屈していて、だからこそ〝昨日〟よりもっと前である十八世紀や十九世紀のクラシック音楽の作曲家たちの人生に関心を持つようになっていた。十九歳になった年の秋のはじめ、ある演奏会場に『幻想交響曲』を聴きに行った。一八三〇年に若きエクトル・ベルリオーズが作曲したオーケストラ曲である。ベートーヴェンが死んでからわずか三年後の作品だが、アヘンへの陶酔と妄想が渦巻く世界観には前時代の面影がまったくない。時流の変化とは不思議なものだ。そう思いながら、前日の台風が荒らしていった夜道を歩き、家に帰ってテレビを付けた。

ニューヨークの有名な双頭のビルに、航空機が突っ込んで噴煙を上げていた。

以上の出来事が人生の最初の二十年弱の間で起きたとき、私はまだこの本——シュテファン・ツヴァイクの『昨日の世界』を読んでいなかった。だから、これらの出来事は社会的事件として散発的に人生の横を通り過ぎただけであり、私の頭の中でひとつの大きな回想として形を成していたわけではなかった。だが、この本を読み終えて久しい今ならばこう言うことができる。二十世紀の最後の十数年、一時代の終わりにふさわしい変化が次々と起き、すべてが〝昨日〟になった。しかし二十一世紀の初頭、永遠に続くかと思われた平和な今日もまた日付変更線を越え、今日が〝昨日〟になり、〝昨日〟は一昨日に繰り下がったのだ——と。

ツヴァイクは一八八一年にウィーンで生まれた作家であり、『昨日の世界』は彼が人生の終盤に書いた長大な自伝的テキストである。前半部で、彼は自身の青少年期をこう回想している。彼が生まれ育ったのは、人が「軽蔑をもって、戦争や飢饉や革命のあった昔の時代を見くだす」ような時代であり、「国民や宗派のあいだの境界とか背馳とかいうものは、次第に共通の人間的なもののなかに消えてゆき」「平和と安定という至上の宝が全人類に頒ち与えられる」ことを誰もが信じ、平和な今日が今後も永遠に続いてゆくと疑いもしなかった。

彼はユダヤ人の血を半分引いていた。だがこうした平和の時代にあって、彼は出自に対するアイデンティティをほとんど持たずに育った。自身を国際都市ウィーンのコスモポリタンの一員であるとみなしていた彼は、父親の「ユダヤ人的」な振る舞いを見ると兄弟たちとしのび笑いをもらし、「あらゆる異国のものを胸襟を開いて迎え入れ」る芸術の都ウィーンで青春を謳歌した。彼のようなユダヤ人は、当時において決して例外ではなかった。その証拠に、同時代のユダヤ人の運動家テオドール・ヘルツルが著書『ユダヤ人国家』のなかで、「故郷パレスティナに、ひとつの新しい、自分たちの故郷を創設しなければならぬ」と説いたとき、ウィーンの市民階級のユダヤ人はその提言に猛反発し、「われわれの国語はドイツ語であってヘブライ語ではない」「われわれの故郷は美しいオーストリアだ」と叫んだのだった。

伝記作家ツヴァイクを敬愛し、彼の書いた伝記を何冊も読んできた私が本書においていちばん驚いたのは、彼が自身の「昨日の世界」を描くときのみに現れる途方もない優しさである。『ジョゼフ・フーシェ』で変わり身の早い悪漢政治家の生き様を皮肉と機知たっぷりに、『メリー・スチュアート』で処刑台の女王の首が転がり落ちるさまを劇的に活写したあのツヴァイクが、自分を伝記の主人公としたテキストを書くとき、いささかの恥じらいもなく、自己愛や自己憐憫としか呼びようのない感傷を前面に出してくるとは。だがその筆致は、情に満ちてこそいるが決して生易しくはない。本作が彼のこれまでの著作物とはまったく異なる手法で書かれていることは、冒頭で明らかにされている。彼は「少しのメモもなく」「自分の著作の一冊もなく」「手記もなく」「友の手紙もない」ままこの自伝を書き始めざるを得なかった。ツヴァイクのような作家の執筆活動においてそれは異常事態だった。たとえば代表作『マリー・アントワネット』において、彼は「その時代のあらゆる新聞やパンフレットを研究し」「あらゆる訴訟書類を最後の一行まで徹底的に掘り返した」だけではなく、推敲に推敲を重ねて余計な情報を削ぎ落とし、劇的で痛快なテンポでもって読者を面白がらせる技術を駆使している。ところがこの『昨日の世界』を書くにあたって、彼は資料もなければそれを捨て去る技術も使わず、ただ自身の記憶にすべてを委ねてペンを走らせた。いったいなぜそのような事態に陥ったのか。その謎の答えこそが、彼が本作を書いた動機そのものである。

三十代以降、ツヴァイクは二つの大戦に遭遇した。一つ目の大戦において、彼は反戦主義者として己の天命に目覚め、戦間期になると人気作家として脚光を浴びた。だが二つ目の大戦は彼のユダヤ人としての出自を直接的に攻撃し、作家活動を阻んだ。財産とコネクションを持つ文化人であった彼は、身ひとつでイギリスからアメリカに、そしてブラジルにまで逃げることができたが、精神的な疲弊は彼の生命力を大きく蝕んだ。

ツヴァイクはナチスによるユダヤ人の迫害を、古来よりユダヤ人についてまわる「追放という共同の運命」のひとつであると分析する。民族共通の信仰や掟を持っていた中世のユダヤ人たちは、この追放の運命に耐え、耐えることに価値さえも感じていた。だが二十世紀のユダヤ人たちは、もはや共通のアイデンティティを持っておらず、運命にも忍従にも意味を見出すことができない。ツヴァイクの自我はユダヤの運命ではなく、今日と未来の平和を無条件に信じていられた往年のヨーロッパのなかにありつづけ、それが大戦によって「昨日の世界」になってしまったという現実に耐えられなかった。さらに、伝記作家として多くの歴史上の偉人の人生を描き、人や世界の未来を予知する能力に優れていたことが、彼の絶望をいっそう深めてしまった。追放者となり、一片の資料もない空っぽの部屋で、かつての平和で美しいヨーロッパを回顧する『昨日の世界』を脱稿したツヴァイクは、一九四二年に妻とともに服毒自殺を図って死に至る。遺書の最後の一文は「私は、この性急な男は、お先にまいります」であった。彼は自身の判断が「性急な」ものであると自覚しつつ、死への衝動を抑えきれなかった。もしかしたら彼の鋭い目には、深刻な迫害を伴うこの戦乱があと数年で終わる未来が見えていたのかもしれない。だが、仮に大戦が終結して、ウィーンに帰れたとしても、いちど〝昨日〟になってしまった世界はもう永遠に今日に還ることはない。

ソビエト連邦が消滅した頃、私は学校の国語の授業で読書感想文の書き方を教わった。それはあらゆる本を人類の教訓として読み、未来への展望に昇華させるというフォーマットで、戦争体験を描いた本はそうした模範的な作文を書くのにもっとも適しているとされた。本書もまた戦争の時代に生きた人の自伝であり、二〇二四年にこれを読んだ人は、必ずや悲劇的な状況にある今日のウクライナを、パレスティナを思い浮かべるだろう。だが私にとっての『昨日の世界』はそういう性質の本ではない。ツヴァイクが〝昨日（ゲスターン）〟という慈愛に満ちた喪失の言葉を放つとき、私の記憶もまた自身の〝昨日〟へとうつろう。「ただみずから残ろうとする回想だけが、ほかのさまざまな回想にかわって残される権利を持つ」とツヴァイクは書く。『昨日の世界』を読むことによって、子ども時代にテレビを介して見たベルリンの壁の崩壊は、昭和天皇の葬列は、みずから残ろうとする意志を持つ回想になった。だからこの本は私にとって世界を変えた一冊である。

意味などぶっ飛ばす爆音の先に

磯部涼

高橋ツトム『爆音列島』（全一八巻／二〇〇二年〜二〇一二年 講談社）

授業中、突然爆音が鳴り響いた。「なになに?!」。生徒たちがどよめきながら立ち上がり、窓際に駆け寄る。すると道路にたったひとり、特攻服を着てバイクに跨り、直管マフラーを吹かしながら校舎の周りをゆっくりと旋回する少年の姿が見えた。ややあって、教室が爆笑の渦に包まれる。「暴走族じゃん」「初めて見たよ」「『特攻の拓』だ」「ほんとにいるんだな」「でもさ、ひとりって!」。その時、席に着いたままだったAさんが両手で机をバンッと叩き、皆が驚いて振り返る。彼女はもともと明るい性格だったが、夏休み明けにゴシックメイクをして、鞄にX JAPANのシールを貼って登校するようになってから、やはりそんなひとは学校でたったひとりだったので浮いていた。Aさんは目を伏せたまま、震えた声で怒鳴る。「好きなことをやってるだけなんだから、いいじゃない!」。生徒たちは唖然としつつ何となく白けてしまい、教師にも促され、どやどやと席に戻った。しかし私は路上でたったひとりで走っていた暴走族と、教室でたったひとりで怒っていたAさんの言わば共闘に、妙に感動してしまったのだ。

九〇年代前半、千葉県千葉市、東京湾沿いの遠浅を埋め立ててつくられたニュータウンに建つ中学校での話である。延々と真新しい一戸建てとマンションが立ち並ぶ空間には歴史というものがなく、そこには先輩から後輩へと受け継がれる不良文化もほとんど存在しなかった。件の少年はそんな中でひとり、暴走〝族〟を立ち上げたのだろう。一方で、当時はヤンキー／暴走族漫画の全盛期にあって、皆、教室で回される週刊漫画誌で『ろくでなしBLUES』（森田まさのり、八八年連載開始）、『今日から俺は!!』（西森博之、八八年連載開始）、『カメレオン』（加瀬あつし、九〇年連載開始）、『疾風（かぜ）伝説 特攻（ぶっこみ）の拓』（佐木飛朗斗／所十三、九一年連載開始）といった作品を愛読していたが、それを何処か『ドラゴンボール』と同じようにファンタジーの世界を描いたものとして受け取っていたように思う。もちろん、それらの過剰さや笑える要素には、既にヤンキーや暴走族文化が過去になっていた状況も読み取れる。

私個人としては、内陸部の定時制高校で機械科の教師をしていた父親から、学校で不良生徒をトンカチを持って追い回したとかいう話を聞かされたり、休日には大工になった元教え子たちがニッカポッカ姿で家に遊びにきたりと、旧来の不良文化に触れる機会はそれなりにあったかもしれない。ただ、閉ざされたニュータウンの外の世界を感じさせてくれたのは、中学の先輩で売れ始めていた木村拓哉の話や、最寄りの路線＝京葉線の先にある東京の方で幅を利かせているという新しい不良＝チーマーの話で、やはりヤンキー／暴走族文化に当事者性を持ったことはなかった。

髙橋ツトム『爆音列島』の連載が始まったのは二〇〇二年のことで、この昭和時代の暴走族文化を代表するチームのひとつ〝ZERO〟（作中では〝ZEROS〟）に所属していた作者による自伝的漫画は、掲載誌が『月刊アフタヌーン』（講談社）といういわゆるヤンキー／暴走族ものを扱ってきたわけではない媒体だったし、何より作品自体、息づかいが伝わってくるような生々しいペンタッチとスタイリッシュな構図、そしてリアリティのあるキャラクター造形と青臭くも意味深いモノローグが、第一話の時点で、「これは新しいぞ」と感じさせたものだ。少し前から『週刊ヤングマガジン』（講談社）で連載されていた、九〇年代前半の大阪環状線を舞台に走り屋を描く『ナニワトモアレ』（南勝久、二〇〇〇年連載開始）は、同ジャンルが歴史を積み重ねたことで回想録に向かいつつあった前兆だったかもしれないとも思った。

それにしても、何故、当事者性など持っていないにもかかわらず、私はそんなに熱心に不良漫画を読み続けていたのか。ひとつには大学に入って東京でひとり暮らしをするようになって出来た東京育ちの友人（例えばグラフィティライターで、現在は『少年イン・ザ・フッド』という自伝的漫画を描いているGhetto HollywoodことSITE）から、実は暴走族文化とチーマー文化が地続きであると教えてもらったこと。あるいは『ele-king』誌にレヴューが掲載されていて知ったジョン・サヴェージ『イギリス「族」物語』を読んで、一見、無軌道なユース・カルチャーにも社会的背景があることを知ったことが大きかったかもしれない（それ以前の重要作にポール・ウィリス『ハマータウンの野郎ども』や、日本でも暴走族に対して参与観察を行なった佐藤郁哉『暴走族のエスノグラフィー　モードの叛乱と文化の呪縛』などがあるが、読んだのはもう少し後のことだ）。ちなみに大学では『イギリス「族」物語』日本版の解説を書いていた上野俊哉のカルチュラル・スタディーズのゼミに入ったものの、その文章がいまいちだったので、正直、上野さんのことは舐めていた。そもそも、海外のユース・カルチャーを我が事のように言及するゼミの雰囲気に嫌気がさして、自分はそれこそ暴走族やチーマー文化が合流した当時の極めてドメスティックなヒップホップ・カルチャーにこそのめり込み、いつの間にか大学からフェードアウトしてしまったのだった。

『爆音列島』に話を戻そう。本作は一九八〇年の夏——暴走族に憧れていた中学三年生のタカシが、喫煙により停学処分となったことで転校。新天地のチーム＝ZEROSに加入し、やがて幹部となり、一九八二年の晩秋――一八歳で引退を決意するまでの約二年間を一〇年にわたる連載、全一八巻で描いていく。その特徴として度々挙げられるのは暴走族文化を特段美化するわけではなく、むしろ暗部やショボい部分から目を逸らさない、ヤクザ映画でいうところの実録路線だということで、少年たちが暴走族へと向かっていく要因となる複雑な家庭環境や、所詮はヤクザの下部組織に過ぎないという構造、あるいは暴走行為の結果としての死が生々しく描かれる。

例えばタカシの両親は険悪で、辛気臭い家に居たくない彼は暴走族に居場所を見出していく。やがて父親は酒に溺れて家に帰ってこなくなるが、更に借金が発覚し、両親は離婚、家も売りに出さなければならず、タカシは決定的に帰る場所を失ってしまう。また、暴走族同士の激しい抗争も、クライマックスには至らず、ケツモチのヤクザが出てくることであっけなく終わってしまう。友人たちの死もふいに曲がってきたトラックによって唐突に訪れる。事故原因はバイクで信号を無視した友人たちにあった。そして遺族からお前たちと遊んでいなければ死ななかったと非難されたタカシは、その悲劇をむしろ「オレらはマトモに人が死ぬような最強の族」「ＺＥＲＯＳだってことを見せてやる」と、自分たちのチームに箔をつけるために利用する。作者の髙橋は第一八巻のあとがきにおいて「『爆音列島』はこのことの贖罪のために描いたと言ってもいい」と述懐している。

更に『爆音列島』が他のヤンキー／暴走族漫画と一線を画するのは、そのタイトルにもある〝音〟というモチーフに対する一貫したこだわりだ。『ろくでなしBLUES』や『クローズ』（髙橋ヒロシ、九〇年連載開始）にザ・ブルーハーツのメンバーの名前や歌詞が引用されていたとしてもそれは演出に過ぎない。『特攻の拓』のハードロック・バンドのライヴ描写は確かに異形だが、物語の中では例外的だ。そもそも暴走族にとって何より重要なのは〝暴走〟であり、音楽文化は付随するものなのだから当然である。もちろん『爆音列島』でも基本的にはそうだ。しかしこの物語の導入部には、タカシが初めてZEROSの集会に行って圧倒された際の「それは爆音だった」「直管マフラーは高速の下に反響して」「かたまりでうねった」というモノローグがある。これは暴走族漫画における孤高の名作『ホットロード』（紡木たく、八六年連載開始）でポツンと呟かれる「耳をつんざくよーなこの音が好き」というモノローグに通じる。同作でも主人公は家庭に問題を抱えており、逃避先としての暴走族へ向かっていくわけだが、そこへ導いたのは上手い誘い文句などではなく、むしろ意味などぶっ飛ばしてくれるような爆音だった。この、紡木の繊細な感性が摑んだ表現が向かう先を、髙橋は意識的に掘り進めていく。

第三話、暴走族文化にのめり込み、一般社会から乖離し始めたタカシは、夜、ベランダで自宅前の道路を見下ろしながら思う。「街道沿いの家なんて車の騒音でうるさいと思ってた」「だけど今は違う」「族（ぞく）の走ってない道なんて無音だ」「世の中は静かだ」。第一二話では死ぬかもしれない抗争に仲間とバイクで向かいながら、ついさっき、車に潰されたセミの姿を回想する。「その日の爆音はいつもと違ってなんか悲しげに聞こえた」「１週間で死んじまうセミみてぇ」「狂い鳴き」「ぶっ殺してやる」——。

『爆音列島』にも無数のアーティスト／バンドの楽曲が登場する。暴走族仲間は路上やスナックで当時の歌謡曲を歌い、タカシの自室の机には背にキャロルやキッス、甲斐バンドと書かれたカセットテープが並んでいる。それらはやはり演出の域を出ないが、ストーリーの根幹に関わるのはＺＥＲＯＳ横浜支部のリーダー＝シンジで、クラッシュや亜無亜危異（アナーキー）を好んでバンドもやっている彼は、やがてロック・バンド化したＲＣサクセションに衝撃を受け、暴走族から音楽の道へと興味を移していく。タカシにはそれが気に食わない。彼が愛するのは何よりも直管マフラーが鳴らす爆音であり、それ以外のサブカルチャーは雑音でしかなくなっているのだ。その後、タカシは暴走族至上主義を突き詰め、敵対するチームも結集させる大集会を開催するべく、奔走する。実は『爆音列島』の舞台となる八〇年代前半には道路交通法改正によって、既に暴走族は活動を制限されており、タカシが試みたのは言わば暴走族文化のルネサンスだった。そういう意味では、いつかのニュータウンでたったひとりで直管マフラーを鳴らしていた少年も同じだし、パンクでもヒップホップでも新しいユースカルチャーは大抵、今はなくなってしまった文化を復興させたいという思いから立ち上がるのだ。

しかし実のところ、タカシは現実を見ず、逃避先＝モラトリアムに佇んでいたいだけだったのかもしれない。引退が迫り、仲間たちが仕事やバンドなど、次の道を見つけていく中で、彼はひたすら暴走族文化にこだわり、結局、逮捕されてしまう。物語の終盤、ZEROSの仲間の祖母から「17歳っていったら無限の可能性があるからね」と言われたタカシが「オレ達おちこぼれはスタートラインにも立ってないんですよ」と卑下すると、彼女が学徒出陣で死んでいった弟の話をして、「いいかい」「今の世の中は平和だ」「なんでもできる」「未来を奪われることなんてないんだよ」と諭すシーン。その後のタカシの「戦争行った人がオレ達の特攻服見たら何て思うんだろうな」「笑うのか……おこるのか」「いや……楽しそうでうらやましいって思うんだ」「お前ら平和で自由だ……って」というモノローグほど、暴走族文化——ひいては日本の戦後サブカルチャーの可能性と限界を言い表した表現はないだろう。当然、自分もその中にいる。

誰もが、深く傷ついていた

永井玲衣

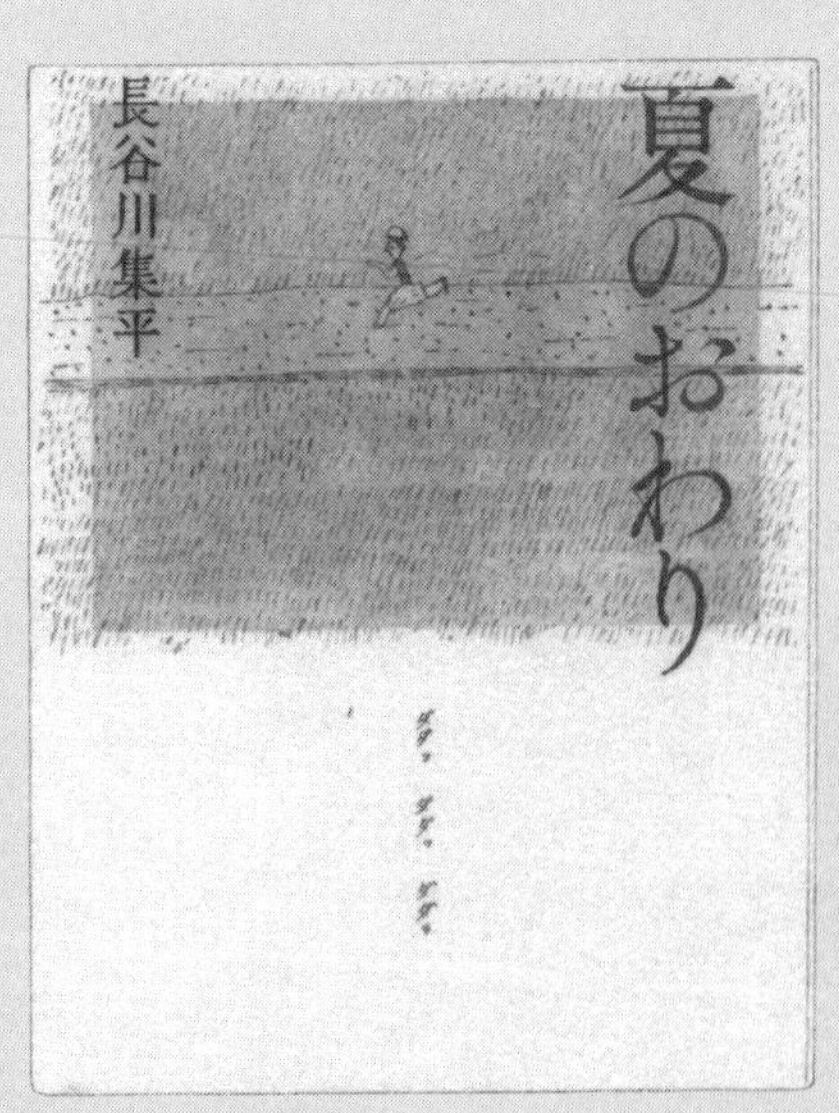

長谷川集平『夏のおわりに』（二〇一六年 復刊ドットコム）

ダダッ　ダダッ　ダダッ

そこにあったのは、あぜ道を走る少年と共に、何かの音が書いてある表紙だった。走る音にしては、小刻みすぎる。鋭すぎる。『夏のおわり』と題名が赤字で大きく書かれてもいる。夏が終わる音なのだろうか。

大学院の授業の試験をひかえていた。気持ちが乗らないまま過ごしてしまい、教科書がわりの課題図書を手に入れることもしなかったために、汗がじんわりとにじむように焦りが迫り上がってくる。試験対策をするにはまず、課題図書を手に入れなければならない。

居住している区の図書館の存在を思い出す。いくらかの力を込めて、書名を検索すると、見知らぬ土地の古ぼけた図書館にあるとヒットした。ほとんど寝巻きで外に飛び出し、バス停に向かう。おそろしいほどの湿気と、熱気がわたしを包み込む。夏だった。これが日本の夏だ。

もう少しで8月だった。

はじめて訪れる図書館は、ひっそりとしていた。「節電対策」と銘打たれたフロアは暗く、夏のうだるような湿気が、本の一冊一冊にしみこんでいた。本たちは何かを言いたげに、だがしんと黙っていた。

ダダッ　ダダッ　ダダッ

音がした。小気味がよく、爽快感があるが、どこかざわめく音だ。わたしはこの音を、知らないが、知っているような気がする。目の前には、絵本作家の長谷川集平による『夏のおわり』が、こちらを向くようにして本棚に立てかけられていた。

長谷川集平といえば、デビュー作『はせがわくんきらいや』で、人々に衝撃を与えた作家である。個性的としか言いようのない画風と、表現方法、描く対象へのまなざし。わたしは彼の作品に育てられたが、『夏のおわり』は見たことがなかった。手に取ると、出版社は「復刊ドットコム」で、一九八二年に理論社より出版されたものを底本に、二〇一六年にあとがきを加える形で復刊されたものらしかった。

音に惹かれてページをひらく。表紙と同じようなあぜ道を、二人の少年が駆けている。マントのようなものをつけて、手を広げて、暑い夏を走り抜けている。

ブーン　ブーン　ブーン
ブーン　ブーン　ブーン

また音だ。「ダダッ」のあとは「ブーン」だ。何の音か、まだわからない。だが、うっすらと予感はしている。これは戦争ごっこの音だ。戦闘機の音だ。ということはつまり、これは戦争の音だ。少年たちは、片方の少年の「おとうちゃん」に戦争の話を聞きに行くために、あぜ道を走っている。少年は友人の「さとる」を連れて、父親に声をかける。おとうちゃんは畳の上で、目尻のしわをいっぱいにして笑っている。手元には、戦闘機「ゼロ戦」のプラモデルのようなものがある。

ブーン

それでおっちゃんはやね、B29の下にもぐりこんだんや。なんせ、こっちはゼロ戦や、動きが早いからね。

ここぞとばかりに

ダダダダダッ　ダダッ　ダッ

おとうちゃんは、自分がゼロ戦に乗って、B29を二機撃墜したと興奮混じりに話す。夜は更け、気がつけば日本酒がかたわらにあり、おとうちゃんは軍歌をうたう。少年たちは、それをしょうがないなあ、とでもいうように笑って聞いている。帰り道、主人公の「さとる」はまた、あぜ道を「ブーン　ブーン　ブーン」になってひとり走る。彼の上には抽象化された戦闘機が、影のようにくっついて飛んでいる。

日は変わり、さとるや父親の息子であるつよしも含んだ少年たち数人が、戦争ごっこをする。ゼロ戦と、B29のチームに分かれて、撃ち合うのだ。戦争ごっこのストーリーはすでに存在する。つよしの父親の話に沿うようにして、戦争ごっこは行われる。だが、B29役のさとるは、ゼロ戦役のつよしに撃たれても、目の周りを赤くして、黙っている。「ものすごいけむりあげて落ちんかい」と言われても「はよ、げきついされろよ」と言われても、歯をくいしばるようにして動かない。代わりにさとるは、つよしを引っ叩き、取っ組み合いの喧嘩になる。他の友だちは、なだめるようにしてさとるに言う。

さとる
きょう、ちょっとおかしいで。
ひょっとして、
つよしの　おとうちゃんに
戦争の話
聞かされたんちがうか。
あのおっさん
いっつも　あれやからな。

かれら親子が「戦争の話」を好んでいることを、皆が知っている。「ほっとけ、ほっとけ」となだめて笑う。だが、さとるは笑わない。まだ、どこか張り詰めた少年の表情をしている。友人たちの手をふりほどき、かれは「ダダッ　ダダッ　ダダッ」と、焦点の合わない目で今度は友人たちを撃つ。そのままひとりであぜ道を走り出す。

ダダッ　ダダッ　ダダッ

絵本は終わってしまった。

水から顔を上げるようにして、本から顔を上げる。夏の薄暗い図書館が、ゆっくりとわたしに戻ってくる。わたしは、これほど脳をゆさぶられるような絵本を読んだことがなかった。この絵本は「戦争」を扱うにしては、あまりにわかりにくく、「ごっこ遊び」を扱うにしては、あまりに重かった。8月が近づいてきたときの、何とも言えない、いたたまれないような、重苦しいような空気を思い出すようだった。

わたしたちは戦後を生きていると思っている。だが、本当に？　いまは戦前ではないのだろうか？　あるいは戦後とは、どういうことなのだろうか。戦争の話を語らずに押し込めたひとがいた。未来への責任として語り始めたひとがいた。「武勇伝」を語ってきかせるひとがいた。だが、誰もかれも、深く傷ついていたのではないだろうか。

「あとがき」には、おとうちゃんが歌っている軍歌は、陸軍の歌だということが明かされる。もしゼロ戦に乗って「活躍」したのならば、海軍の軍歌を歌うのが本来だ。長谷川集平は、わかってそれを描いている。ゼロ戦は、はたしてB29の二機を撃墜するほどだったのか。それは「活躍」なのか。絵本の中では語られない。

戦争を美化する巨大な嘘＝狂気はぼくらの心に忍び込みます。さとるがダダッダダッと見えない敵を撃ちながら走る先に明日があり、未来があります。その未来を、今ぼくらは生きています。（あとがきより）

復刊に合わせて追加されたというあとがきは、二〇一六年という時だからこそ、わたしにありありと呼びかけた。さとるは、おとうちゃんの「嘘」にどこかで気がついたのかもしれなかった。だが、その違和感と込み上げた何かは「見えない敵を撃つ」という形で表現された。戦争ごっことは何だったのか。おとうちゃんの「嘘」と、さとるの走る先を、いまわたしたちは生きている。いま、生きているのだ。それは匂い立つような実感だった。

戦争の悲惨さを訴えるのでも、平和に向けてメッセージを発するのでもない。だが、このような仕方で、わたしたちの戦争を描き、いまを指差す本があることにおどろいた。何とかごまかしたり、笑ったりして生きてきたひとがいて、それを面白がるひとがいて、遊んだひとがいて、おかしいと思ったひとがいた。だがどう表現していいのかわからないまま、それはやはり戦闘機の音としてあらわされた。

あの夏の図書館から、わたしの中に、戦闘機が影のようについてまわるようになった。目当ての本は借りないまま、バスに乗った。何だかそれは、取るに足らないことのように思われた。わたしは、わたしの戦闘機とどう生きるのかを考えていた。今のところそれは、一度も発砲されていない。させないことが、わたしたちの未来なのだ。

夏はおわり、また夏がやってくる。

人生最大の読解力を使い切った

鳥羽和久

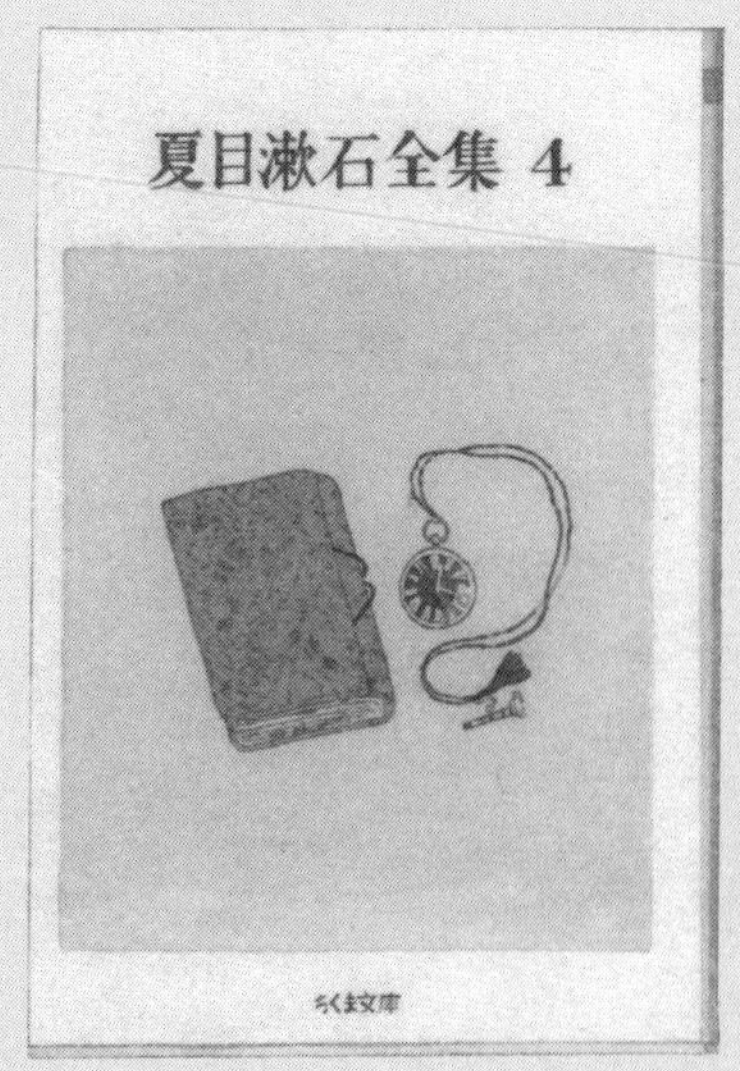

夏目漱石『虞美人草』（一九〇八年　春陽堂）

現在は新潮文庫ほかに収録

詳細な経緯は書けない。とにかく、僕にとっては人生で初めての親友であるKと決裂した。生半可な決裂ではない。それは、お互いが胸を掻きむしりながら泣きじゃくるような、破滅的な決裂だった。

大学院の研究会後の食事会で、ただならぬことが起こったことを悟った指導教員は、「男同士が仲たがいするなんて、女の奪い合いぐらいしか動機はないでしょう」と言って、ニヤリと笑った。全然違っていた。マジで何言ってんだ。この問題に「女」は介在しない。もっと真剣な問題なんだと憤った。

僕はその当時、修論を書いていた。それはKとの決裂をきっかけに筆が止まっていた。僕は論考の中で、文学作品に「女性という〈他者〉」を見出しつつ、我々は「他者との〈境界〉に立ち続けなければならない」という内容を書いた男性批評家をディスっていた。何が境界だ。キモいんだよ。そんなヤワな言い訳は通用しない。他者から学ぶことがあるとすれば、むしろ他者と私の間に境界なんて設定できないという私の無根拠性以外に何があるんだ？　ということを渾身の力で書いていた。「女」は問題ではないのに、クソッ、先生もさすが「男性批評家」だなと思った。食べかけのたけのこの水煮が急に味気なくなった。

その日の夜、布団の中でなんとはなしに漱石の小説『虞美人草』の最初の数ページをめくった僕は、「ここには大事なことが書かれている」という天啓を得て、貪るように読み始めた。半月もの間ほとんどの食べ物が喉を通らずに、体はふらふらとしていたが、頭は冴えていた。読み終わったのは、外から路線バスの乗降音が聞こえ始める朝の五時だった。

＊

Kと二人で会うのは約二か月ぶりだ。僕の前であれほど安心した顔を見せていたKの表情は硬くて暗い。僕は改めて失ってしまったものを感じる。僕は体の震えを隠しきれなくて、震えたまま話し出す。

「僕はKのことを全然理解していなかったことが分かった……」

「いや、なんでそんなに深刻そうにしてるの？」Kは僕の言葉が終わるのを待たずに言う。

「深刻というか……。この間に死にたいと思ったけど、死にきれなかった」
「当たり前だよ。死ぬことなんて簡単にできない」
「簡単ではなかったよ……」

冒頭からズタボロにされた気分だった。Kは死を口にした僕に対して、同情するどころか、そこに人間的な甘さを見出した。また軽蔑されたと感じた。Kはいつも僕の甘えを見抜いた。それでも僕は、この甘えを許してくれ、これが僕なんだと、事実上彼に懇願し続けてきたんだろう。僕はようやくそのことが分かる。冷や汗が出る。

僕は「読んできてくれた?」と言いながら、カバンから『虞美人草』を取り出して、Kの前で音読し始める。

「眼に見るは形である」と甲野さんはまた別行に書き出した。
「耳に聴くは声である。形と声は物の本体ではない。物の本体を証得しないものには形も声も無意義である。何物かをこの奥に捕えたる時、形も声もことごとく新らしき形と声になる。これが象徴である。象徴とは本来空（くう）の不可思議を眼に見、耳に聴く為の方便である。」

「この場合の、「眼に映る〈形〉」はカントで言えば感性、そして〈声〉は悟性に対応する。とすれば「空の不可思議」は「物自体」だよね。となると、カントが、理性が把握できるのは経験的な事柄に限られ、理性が物自体について直接的な知識を提供することはできないと考えた背景には、怪物的な問いが横たわっている。それは〈死〉の問いだ」

カントで修論を書いているKに僕はそう投げかける。Kは頷きながら答える。

「別に、合ってる…と思うけど、そんなことも分かってなかったの？」

「そうだよ。そんなことも分かっていなかったんだよ。だから、Kがなぜカントを読んでいるかも、Kが何を恐れて生きているかも分かっていなかった。漱石は「観ずるものは見ず」と言った。つまり、見ていることを信憑している人は見ていない、彼らはそこに「物」があるという疑いのない確信を見ているのであって、それは「物」を見ているわけではない、と言った。

これは、カントが感性－悟性－理性という3層でできたフィルターで見る「現象」界と、「物自体」界とを峻別して、我々は「物自体」を把握することはできないと言ったことと対応している。漱石もカントもなぜこの話にこだわったかと言えば、人が「現象」としての物を信憑したときに、「真」が立ち、それによって死の問題が忘却されるからだ。でも、こういう問いは、フィルターを剝がされて剝き出しになった〈死〉と直面している人にしか立てられない。そして、Kは現にこの問題に直面している。漱石はそういう人のことを「哲学者」と呼んだ。僕はそのことが分かっていなかった」

「言っていることは分かるよ。でも、なぜ今さらそんな当たり前のことを言うのかが分からなくて混乱する」Kは青白い顔を引きつらせて言う。

「そうだよ。その当たり前のことが、世の中の人は分かっていない。世の中の人は、〈死〉の問いそのものを本当に全く知らないんだ。全くだよ。だから、Kはこれまで孤独だったし、僕もKを孤独にした。危なかった。僕も知らないまま生き続けるところだったんだ。『虞美人草』では、幸い宗近君とその妹の糸子が「〈死〉と直面している人」である甲野さんの知己だった。甲野さんの哲学を解した人だった。作中、彼らが甲野さんの言葉を媒介してくれたことで、僕は甲野さんの哲学が分かった。そして、結果的にＫの孤独を理解した。だから、僕は今日そのことを伝えたかったんだ。本当に僕は、Ｋのことが分かっていなくて、分かっていないのに分かっているつもりになって、Ｋに優しくしようとしてきた。Ｋをいたわりたいと思ってきた。でも、事実上それはＫを弱者に仕立てることに加担することだった。Ｋは神経衰弱じゃない。病気じゃない。頑（かたく）なで意固地なわけでもない。Ｋは立派だよ。まさか、そんなに真剣だったなんて。真剣でしかありようがなかったなんて。僕はいま、宗近君みたいに、Ｋをバカにする奴、病気扱いする奴を倒したいとさえ思ってる。」

「……でも、君は宗近君じゃないじゃないか……」

Ｋはほとんど泣いていた。

「そうだよ、僕は宗近君じゃないよ。そんなに一足飛びになれないんだ。」

「うん、わかったよ。……おかげで、僕が大変なところにいるらしいことが分かった。」

Ｋは最後には笑っていた。

この日を境にＫと和解した。以前のような親密さを取り戻すことはなかったが、僕は死んでも彼の味方なのだという意識を強くした。彼といっしょに世間と戦うのだと意気込んでいた。

Kはいつも超然としていたが、一方で身近な人たちの情に絆（ほだ）されやすいところがあり、その人たちの愛情が自分に向けられることを期待するところがあった。僕は「ストレイシープ、ストレイシープ」と呟いて、それを警戒するように言った。（「ストレイシープ」とは、漱石の初期作『三四郎』に出てくる美禰子（みねこ）が三四郎を惑わせるときに使う言葉である。）こうして、Kのほうも僕という世間との媒介者を得ることで、衆人との関係の結び方を心得ていくところがあった。

僕らはこうして人生のある時期に支え合って生きていて、そして、支えの必要がなくなったころには、それぞれが自分の人生を生きるようになっていた。

小説『虞美人草』では、物語の最後に男たちを惑わす女、藤尾が死んでしまう。漱石は執筆中に小宮豊隆（こみやとよたか）に宛てた書簡で「あいつを仕舞に殺すのが一篇の主意である」と、藤尾を殺すためにこの小説を書いていることを打ち明けている。

この小説の終盤はすこぶる評判が悪い。甲野‐宗近という道義を振りかざす二人の男が藤尾という悪女を遣（や）っ付けた勧善懲悪の物語として読まれ、その唐突な死はあまりに強引で不可解なために、多くの評者たちから「失敗作」とさえ言われてきた。

しかし、その強引さにこそ、僕は漱石の本気を見た。執筆の前年に「死ぬか生きるか、命のやりとりをする様な維新の志士の如き烈しい精神で文学をやって見たい」と鈴木三重吉に送って寄こした漱石の猛々しい意志をそこに読み込んだ。

以下は最終章における甲野さんの言葉である。

> 悲劇は喜劇より偉大である。これを説明して死は万障を封ずるが故に偉大だと言うものがある。取り返しが付かぬ運命の底に陥って、出て来ぬから偉大だと言うのは、流るる水が逝（ゆ）いて帰らぬ故に偉大だと言うと一般である。運命は単に最終結を告ぐるが為にのみ偉大にはならぬ。忽然（こつぜん）として生を変じて死となすが故に偉大なのである。忘れたる死を不用意の際に点出するから偉大なのである。ふざけたるものが急に襟を正すから偉大なのである。襟を正して道義の必要を今更の如く感ずるから偉大なのである。〈中略〉人々力をここに致すとき、一般の幸福を促して、社会を真正の文明に導くが故に、悲劇は偉大である。

藤尾は「悪い女だから」死んだのではない。漱石は藤尾の突然死というトラウマティックな結末を通して読者に「剝き出しの〈死〉」を見せつけ、それによって読者を「真面目」[*]にしようとした。

僕にとって、『虞美人草』という書物以上に鮮烈な出会いは後にも先にもない。僕は『虞美人草』で「哲学」を知ったのだ。このような出会いが可能だったのは、僕がこのときに人生で一番「真面目」だったからだと思う。Kのことを知りたいと思った。分かりたいと思った。人生最大の読解力をここで使い切ったのだ。

『虞美人草』は僕を変えてしまった。変えて元に戻れなくした。その前後で読む本だけでなく、聴く音楽さえ変わってしまった。そして、その延長上で僕は二十五年が経った今も生きている。

＊　宗近は物語終末に「真面目」という言葉を三十回以上使って、藤尾と結ばれようとした小野さんを説得する。

モモのいる世界で半世紀

野中モモ

ミヒャエル・エンデ『モモ　時間どろぼうと、ぬすまれた時間を人間にとりかえしてくれた女の子のふしぎな物語』（大島かおり訳／一九七六年 岩波書店）

現在は岩波少年文庫に収録

ここ数年、『モモ』への関心がふたたび高まっているようだ。たとえば二〇二〇年の夏にはNHK Eテレ「100分de名著」で四週にわたって取り上げられた。「文庫版もあわせた発行部数は三六〇万部を超える」「岩波書店によると、コロナ禍が始まった二〇二〇年度の発行部数は児童書版、文庫版あわせて約一六万部と前年度の約四倍に急増した。今年度もコロナ禍前を上回るペースで売れ続けているという」と、『朝日新聞』は報じている（二〇二二年十二月二八日）。え、本当に？　はたしていまの子どもたちは、あれを面白いと思えるのだろうか。そうなら嬉しい。そして、この本について語るにあたっても、まずこうした数字による評価を参照してしまっている自分に苦笑する。

親が出生届を出して登録された戸籍には漢字で記載されている自分の名前を「モモ」とカタカナで書くようになったのは、九〇年代の後半だったはずだ。就職と同時にパソコンを購入、個人サイトを開設してネットのコミュニティで遊んでいるうちに、いつしか漢字の意味から離れて音を伝える文字のほうがしっくりくるようになったのだ。海外にも開かれている（はずの）空間だし、画数が少なくてぱっと見わかりやすいし。

「漢字でなく仮名」という選択には、当時アルファベットの大文字でなく小文字を用いた表現を目にする機会が増えたのにも通じる時代の気分があったと思う。『怒れる女たち』（アンドレア・ジュノー、V・ヴェイル編、越智道雄訳、第三書館）を読んで自分の名前の頭文字を常に小文字で綴るベル・フックスを知ったのもこの頃だったし、音楽の世界ではブラーもオアシスもマッシヴ・アタックも小文字だ。まあ単純に『新世紀エヴァンゲリオン』や『少女革命ウテナ』をはじめとするアニメや漫画の影響で漢字＋カタカナの名前に慣れた、というのもある。

そういうわけで、このペンネーム／ハンドルネームはエンデの『モモ』に直接由来しているわけではない。けれど、この自分と同じ名前の女の子の冒険物語は、たしかに小学生の私にとって特別なお気に入りだった。ドイツで原書が出たのは七三年。その三年後には日本に紹介されているが、七九年に『はてしない物語』が大ベストセラーになったのを受けて、『モモ』も広く読まれるようになったのだそうだ。七〇年代から八〇年代、これらは同時代の「話題書」だった。

「彼女は背がひくく、かなりやせっぽちで、まだ八つぐらいなのか、それとももう十二ぐらいになるのか、けんとうもつきません」と描写されるモモ。私は彼女と同じ年にこの世に送り出され、ちょうど同じ年頃の彼女に出会って大好きになったのだ。二〇〇〇年代の子どもたちにとっての『ハリー・ポッター』みたいな感じ？　図画工作の時間に「好きな本からの場面を描きなさい」という課題を出されて、「灰色の男たちの追跡を逃れて〈さかさま小路〉をゆくモモとカメのカシオペイア」を描いたのを覚えている。このたび何十年かぶりに読んでみたら、自分が大人になってから直面した課題や大切にしてきたあれこれがあまりにもたくさん詰まっていて、あの小さな女の子はずっと私のそばにいたのだと気づかされることになった。

『モモ』は「むかし、むかし」ではじまり、「人間がまだいまとはまるっきりちがうことばで話していたころ」の大都市のにぎわい、野外の円形劇場に集う人びとの営みが紹介される。しかし、次のページでは「いく世紀もの時がながれ」大都市はすでに滅んでいる。だが、そうした大都市のうちいくつかはいまなお大都会として生き残っており、「人びとは自動車や電車で動きまわり、電話や電灯をつかうように」なったいつかのどこかがこの物語の舞台だ。モモはそんな都会のはずれにある野外円形劇場の廃墟に住み着いたストリートキッド／ホームレス／浮浪児である。街が広告に覆われ、お金を払わないでいられる空間がどんどん減ってゆくことに胸を痛め、東京に広場が少ないことに不満を抱いてきた身としては、この設定の時点でときめいてしまう（飢える子どもたちが深刻な問題になっている現実を思うと、「自由な孤児物語」にロマンを感じるのも少し申し訳なくなるけれど）。ちなみに一九二九年、大恐慌の年にドイツに生まれたエンデは、七一年にイタリアに移住し、「ローマへの感謝のしるし」としてこの作品を書いたのだそうだ。北の人が抱く南への憧れや思慕が沁み渡っている本なのだ。

さて、「どこかで拾うか、人からもらうかしたもの以外には、なんにももっていない」モモだが、彼女は「あいての話を聞くこと」ができた。大人たちはモモに話を聞いてもらうことで、自らのうちに光明を見出し、問題を解決して心が軽くなった。子どもたちはモモがそこにいるだけで、想像力の翼を広げていままでになく楽しく遊べるようになった。まる一章が割かれる子どもたちの航海ごっこの場面は印象深い。近所の人びとがみんなでモモのすみかを整え、食べものをやり、貧しいながらも助け合って暮らす様子は実に楽しそうだ。そんな大人たちのなかでも物静かな老いた道路掃除人ベッポと、観光ガイドをしているおしゃべりな若者ジジは、モモの大親友になった。

しかし、彼らの生活は、「灰色の男たち」の暗躍によって変わってゆく。時間貯蓄銀行の外交員だという彼らは、無駄を省き、時間を節約して銀行に預ければ、将来、利子をつけて支払うと言って、人びとに生活の効率化を迫る。そのひとりが善良な床屋のフージー氏のもとを訪れ、彼が「無駄にしている」時間を計算してみせるくだりは、本作でもいちばんの迫力に満ちている場面だ。

灰色の男はフージー氏が楽しんでいるボタンインコの飼育も、友達と会ったり合唱団の練習に出たりするのも、映画を観るのも本を読むのも、老いた母親と過ごすのも、足がわるくて車椅子から離れられないダリア嬢を訪ねるのも、「役にも立たないことに時間を浪費している」と切り捨てる。ケア労働を軽視し、優しい感情を無駄と見做して一蹴する灰色の男たちは、資本主義のお化けのような存在だ。説得されたフージー氏はいつしか灰色の紳士の訪問をうけたことも忘れ、だんだんとおこりっぽい、落ち着きのない人になってゆく。倹約した時間はただ消えて、彼の手もとには残らない。灰色の男たちはそうして人間の時間を奪って生きているのだ。

他の大人たちも同じようにせわしなく不機嫌になり、街の風景も変わってゆく。子どもたちは「空想を働かせる余地がまったくない」おもちゃを与えられ、本当の意味で遊ぶということができなくなってしまう。何かがおかしいと気づいたモモは自分に会いにこなくなってしまった友達をたずね歩き、自分ではそうと知らずに灰色の男たちの邪魔をすることに。彼らの悪だくみを知った子どもたちは、デモと集会で危機を訴えようとするが、大人たちには気づかれずに終わってしまう。そうしてひとり取り残されたモモの前に、異界からの使者であるカメのカシオペイアが現れる。

ここまでがだいたい半分。この後、モモは「どこにもない家」に住む不思議な老人マイスター・ホラに迎えられて、世にもうつくしい「時間の花」を見る。それから一年の時を経て、モモはたったひとりで灰色の男たちと対決することになるのだが、その結末は意外とあっさりしている。モモはいったん怖気づき、勇気を奮い立たせはするのだけれど、灰色の男たちは彼女にやられたというより自滅に近いかたちで敗北してゆく。そして最後の最後に「作者のみじかいあとがき」が添えられ、「この物語はわたしがひとから聞いたのを、そのまま記憶どおりに書いたもの」だと述べられるのだ。汽車で乗り合わせたきみょうな乗客は、エンデに「わたしはいまの話を、過去に起こったことのように話しましたね。でもそれを将来起こることとしてお話ししてもよかったんですよ。わたしにとっては、どちらでもそう大きな違いはありません」と語ったのだと――。実際、この本が書かれてから半世紀の時を経た二〇二四年現在にも、まさにいま、いや、覚えている限りこれまでずっと、この世界は灰色の男たちに時間を盗まれ続けているように感じてしまう。

当時イギリスに住んでいたこともあって知らなかったのだが、一九九九年に、エンデのインタビューをもとに構成されたドキュメンタリー番組「エンデの遺言」がNHK BS1で放映され、翌年には書籍にまとめられてベストセラーになったのだそうだ（『エンデの遺言――根源からお金を問うこと』河邑厚徳＋グループ現代、NHK出版／二〇一一年、講談社α文庫）。これをひとつのきっかけとして、『モモ』は「時間」について考察しているのと同時に、時間と共に利子が加算される、庶民の生活から乖離した現代の金融システムを批判しているという読みが広まったようだ。二〇一三年に新潮社「とんぼの本」シリーズの一冊として出た『ミヒャエル・エンデが教えてくれたこと』には、「時間・お金・ファンタジー」という副題がついている。

イギリスの評論家マーク・フィッシャーは、『資本主義リアリズム』（二〇〇九年、邦訳版二〇一八年）で、「資本主義の終わりより、世界の終わりを想像する方がたやすい」というフレドリック・ジェイムソンとスラヴォイ・ジジェクのものとされる言葉を引き、「このスローガンは、私の考える「資本主義リアリズム」の意味を的確に捉えるものだ。つまり、資本主義が唯一の存続可能な政治・経済的制度であるのみならず、今やそれに対する論理一貫した代替物を想像することすら不可能だ、という意識が蔓延した状態のことだ」と述べた。

エンデは一九八二年の鼎談『オリーブの森で語りあう』（邦訳版は一九八四年、岩波書店）の冒頭で、この時点ですでに世界がそうした意識に覆われていたことを伝えるエピソードを披露している。スイス最大の小売チェーン「ミグロ」の創業者ドゥットヴァイラーが立ち上げたシンクタンクが主催する、「合理主義の落とし穴」をテーマにした会議に招かれた彼は、集まった二〇〇人ほどの経営者や労働組合の代表やローマ・クラブの会員らに呼びかけた。「ほんとうにどこをながめても、ポジティヴなユートピアが欠けている。この事実こそ疑いもなく現代の意識の特徴だ」「今世紀にはいってからは、ポジティヴなユートピアというものがほとんど描かれていない」。そして、百年後の世界がどんなふうになっていてほしいと願うのか、「それは無理だ」というのを禁句にして発言しよう、と。結果、「雰囲気はとても険悪になり、会場全体がいまにもボロボロと音をたててくずれそうになったものだから、三〇分後には主催者側がこの試みの中止を宣言せざるをえなくなった」。

この後、日本はバブルに踊り、それから「失われた三〇年」と呼ばれる停滞を経験した。今年に入って八九年以来で日経平均株価が史上最高値を更新したというけれど、景気がよくなっていると感じられるのはごく一部の人たちだけだろう。エンデが亡くなってからもうすぐ二〇年。現行の金融市場は一握りの人たちへの富の集中を加速させ、格差を拡大させるだけだという彼の憂鬱な未来予想は当たってしまった。けれど、『モモ』が読み継がれていることで、少なくともこの世の仕組みはおかしいよと思っているのは自分だけじゃない、と確信することができる。本は時間と空間を超えて想いを伝える。現行のシステムを疑い、まずは夢見ることからはじめようというエンデの提言は、いま、ますます切実に響くものになっていると思うのだ。

本書は書き下ろしです

執筆者一覧

川内有緒（かわうちありお）
アメリカ、日本、フランスを拠点に国際協力分野で働いた後、ノンフィクション作家に。著作に『パリでメシを食う。』（幻冬舎文庫）、『空をゆく巨人』（集英社文庫）、『目の見えない白鳥さんとアートを見にいく』（集英社インターナショナル）など。

牧野伊三夫（まきのいさお）
1964年生まれ。画家。美術同人誌『四月と十月』同人・発行管理人。著書に『僕は、太陽をのむ』（港の人）、『アトリエ雑記』（本の雑誌社）、絵本『塩男』（あかね書房）ほか。東京都在住。

星野概念（ほしのがいねん）
精神科医として働くかたわら、執筆や音楽活動も行う。雑誌やWebでの連載や寄稿も多数。いとうせいこうさんとの共著『ラブという薬』『自由というサプリ』（ともにリトルモア）、単著『ないようである、かもしれない』（ミシマ社）、『こころをそのまま感じられたら』（講談社）。

五所純子（ごしょじゅんこ）
1979年生まれ。文筆家。単著に『薬を食う女たち』（河出書房新社）、共著に『虐殺ソングブックremix』（河出書房新社）、『心が疲れたときに見る映画』（立東舎）など、映画・文芸を中心に多数執筆。

岡崎武志（おかざきたけし）
1957年大阪府生まれ。1990年上京後、書評、古本エッセイを中心に執筆。近著に『古本大全』

（ちくま文庫）、『人生の腕前』（光文社文庫）などがある。

島田潤一郎（しまだじゅんいちろう）
1976年高知県生まれ。日本大学商学部会計学科卒。2009年、出版社「夏葉社」を設立。著書に『古くてあたらしい仕事』（新潮文庫）、『長い読書』（みすず書房）など。

浅生ハルミン（あさおはるみん）
1966年三重県生まれ。イラストレーター、エッセイスト。著書に映画化された『私は猫ストーカー』（洋泉社／中公文庫より完全版刊行）、『猫の目散歩』（筑摩書房）、『三時のわたし』（本の雑誌社）、『江戸・ザ・マニア』（淡交社）など多数。

大平一枝（おおだいらかずえ）
1964年長野県生まれ。文筆家。主に市井の生活者を独自の目線で描くルポルタージュコラムを執筆し、連載も多数。著書に『東京の台所』（平凡社／毎日文庫）、『注文に時間がかかるカフェ　たとえば「あ行」が苦手な君に』（ポプラ社）『人生フルーツサンド』（大和書房）など。

森岡督行（もりおかよしゆき）
1974年生まれ。「一冊の本を売る書店」がテーマの森岡書店代表。文筆家でもある。著書に『荒野の古本屋』（小学館文庫）、『800日間銀座一周』（文春文庫）、『ショートケーキを許す』（雷鳥社）などがある。

スズキナオ
東京生まれ大阪在住のライター。WEBサイト「デイリーポータルZ」等を中心に執筆中。著書に『思い出せない思い出たちが僕らを家族にしてくれる』（新潮社）など。

今井真実（いまいまみ）
兵庫県神戸市出身、東京都在住。noteに綴るレシピやエッセイ、Twitterでの発信が幅広い層の支持を集め、雑誌、web、企業広告など、多岐にわたる媒体でレシピ制作、執筆を行う。著書に『毎日のあたらしい料理　いつもの食材に「驚き」をひとさじ』（KADOKAWA）など多数。

古賀及子（こがちかこ）
ライター、エッセイスト。著書に『ちょっと踊ったりすぐにかけだす』『おくれ毛で風を切れ』（素粒社）『気づいたこと気づかないままのこと』（シカク出版）。

前田エマ（まえだえま）
1992年神奈川県生まれ。東京造形大学卒業。モデル、写真、ペインティング、ラジオパーソナリティ、キュレーションや勉強会の企画など、活動は多岐にわたり、エッセイやコラムの執筆も行っている。著書に小説集『動物になる日』（ちいさいミシマ社）がある。

嵯峨景子（さがけいこ）
ライター・書評家。単著に『氷室冴子とその時代　増補版』（河出書房新社）や『少女小説を知るための100冊』、日本SF作家クラブ・嵯峨景子編のアンソロジー『少女小説とSF』（星海社）など。

後藤護（ごとうまもる）
暗黒水呑百姓。『黒人音楽史　奇想の宇宙』（中央公論新社）で第一回音楽本大賞「個人賞」を受賞。その他の著書に『悪魔のいる漫画史』（blueprint）など。

かげはら史帆（かげはらしほ）
文筆家。一九八二年、東京郊外生まれ。『ニジンスキーは銀橋で踊らない』（河出書房新社）、『ベートーヴェン捏造――名プロデューサーは嘘をつく』（河出文庫）など。

磯部涼（いそべりょう）
ライター。著作に川崎区の不良文化を取材した『ルポ 川崎』（サイゾー／新潮社）など。同作を下敷とした漫画『リバーベッド』（作画：青井ぬゐ、講談社）の原作を担当。

永井玲衣（ながいれい）
人びとと考えあう場である哲学対話を幅広く行っている。Ｇｏｔｃｈ主催のムーブメントＤ２０２１などでも活動。著書に『水中の哲学者たち』。詩と植物園と念入りな散歩が好き。

鳥羽和久（とばかずひさ）
福岡市で書店と単位制高校併設の学習塾を運営しつつ執筆や旅もさかんに行う。著書に『おやときどきこども』（ナナロク社）、『君は君の人生の主役になれ』（筑摩書房）、『「推し」の文化論』（晶文社）など。

野中モモ（のなかもも）
ライター、翻訳者。東京生まれ。訳書にデヴィッド・バーン『音楽のはたらき』（イースト・プレス）、ヴィヴィエン・ゴールドマン『女パンクの逆襲 フェミニスト音楽史』（P-VINE）など。

本に出会ってしまった。

私の世界を変えた一冊

2024年4月 2日　初版印刷
2024年4月24日　初版発行

編集　前田和彦（ele-king books）

発行者　水谷聡男

発行所　株式会社Pヴァイン
〒150-0031　東京都渋谷区桜丘町21-2 池田ビル2F
編集部：TEL 03-5784-1256
営業部（レコード店）：TEL 03-5784-1250　FAX 03-5784-1251
http://p-vine.jp

発売元　日販アイ・ピー・エス株式会社
〒113-0034　東京都文京区湯島1-3-4
TEL 03-5802-1859　FAX 03-5802-1891

印刷・製本　シナノ印刷株式会社

ISBN978-4-910511-71-9

ゴシック・カルチャー入門

後藤護（著）

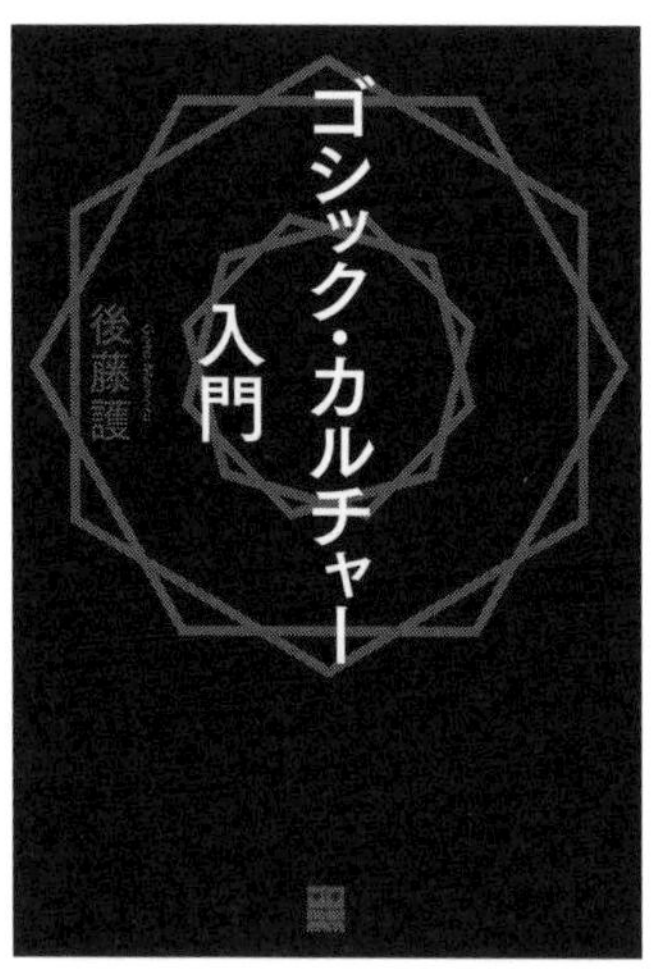

人はなぜ闇を求めるのか——建築にはじまり、文学、美術、映画、ファッション、そして音楽と、さまざまな分野で多大な影響を与え続ける暗黒美学の全貌

四六判／本体2,700円＋税／ISBN: 978-4-909483-45-4